デキる人は説明力をこう磨く

日本語力向上会議

角川oneテーマ21

目次

第1章　聞き手の気分を考えていますか　7

第2章　「コイツはできる」と思わせよう　45

第3章　これこそ正しい喋り方　95

第4章　さらに効果をあげるために　141

第1章　聞き手の気分を考えていますか

相手を安心させるのは「うなずき」と「相づち」

話し方の達人には共通点がある。とにかく聞き方がうまい。立て板に水のように自分が言いたいことばかりをまくし立てるのは、相手の話を聞くことが下手な人に多い。自分では「かなりの会話上手」と思い込んでいるフシがあるが、伝えたいことが伝わっていないのがこのタイプなのだ。

説明をする場合も、人の話に耳を傾ける姿勢が大切である。話しているのに、途中でさえぎったり、無視したりすれば、当然、相手は不快な思いをする。これでは、どんなに巧みな説明をしても納得させられない。

聞いていることを相手に伝えるには、うなずきと相づちをタイミングよく繰り出すのが有効だ。視線を相手からそらさないようにしていても、うなずきも相づちもなければ、相手は「自分の話をわかってくれたのだろうか？」と不安になってしまう。不安は納得の大敵。こちらの説明を受け入れようとする気持ちを大きくそぐようになる。

「なるほど、そうですね」

「たしかに、そうだと思います」

「はいはい、わかります」

「えっ、そんなことがあるんですか？」

うなずきながら、こうした相づちをはさめば、相手は「共感を得てくれた」と感じて安心する。その結果、心が開かれ、言葉を受け入れようとする態勢が整っていくわけである。

「でも、相づちを打ってしまうと、相手の意見を受け入れてしまうのでは？」

そう考えるかもしれないが、うなずきや相づちは相手の意見や考え方に一定の共感を示すことにはなっても、それをまるまる受け入れることにも、同意を表明することにもならないのである。こちらのペースで説明を進めるうえで支障にはならないことは、知っておいていい。

説明をなんとか納得してもらおうと意気込みすぎると、うなずきや相づちを忘れがちになる。さらに、「そうではなくて〜」「要するに〜」「そう言われても〜」といった、相手の言葉を直接的に否定する表現が出るようになったりする。意気込みすぎて余裕をなくし、説明に失敗する典型的なケースがこれだ。どんな状況でも、うなずき、相づちで相手を受け止めるという気持ちの余裕を持たなければいけない。

「失敗談」だからこそ有効な武器になる

ビジネスの会話では、ともすると自分の能力や実績を高く見せようとする意識が働く。そのことによって自分が主導権を握ろうとするのだろう。しかし、これが功を奏することは少ない。能力や実績の評価は周囲がするもので、自己評価があてにならないことは誰もが知っているからだろう。「背伸びをしているな」「そこまで自分をよく見せたいのか」と相手に見抜かれたら、信頼感は得られない。むしろ、ビジネスの達人たちが口をそろえるのが、自分の失敗談を披露するほうが有効だということだ。

「粗忽《そこつ》者ですから、新入社員の頃、得意先を訪問するのによく名刺を忘れましてね。ずいぶん上司にどやされたものです。しばらくは訪問先に出向く際、上司に『名刺は持ったか？』なんて言われつづけて、恥ずかしい思いをしたものですよ」

自分の短所もさりげなく言ってしまえる人間には、誰もが人間味にあふれた人柄のおおらかさを感じるものである。同時に相手は「失敗談を話してくれるほど、信頼されている自分」を意識することにもなる。好感を持って受け止められるのは当然なのだ。

名刺を活用して、相手の懐に飛び込む

ビジネスの世界では初対面の際には名刺交換をおこなうのが慣例になっている。自分の所属（会社名や部署名）と姓名を明らかにし、相手のそれを確認するためだが、大勢の人と名刺交換をするなかで、どこかそれを軽んじてしまっていないだろうか。

名刺を整理しないままデスクの引き出しに放り込んでいるという人も少なくないはずである。しかし、初対面の相手からもらった名刺は大いに活用できるのである。ぞんざいに扱うのはもったいない。

初対面でも、雑談的に相手の個人情報が語られることがあるだろう。たとえば、ちょっとした拍子に出身地や出身校の話が出たり、趣味や興味を持っていることに話題が転じたり。もちろん、聞いたことはしばらく記憶に残る。しかし、時間が経ち、何人、何十人と名刺交換をしているうちに、どれがだれの個人情報かがしだいに曖昧《あいまい》になっていくものである。

ここで名刺が活《い》きる。話の中で得た情報を名刺の裏や余白スペースに書いておくのだ。

〈宮崎県出身・ゴルフ好き・グルメっぽい〉
〈○○大学ラグビー部・海外旅行をよくするらしい・酒好き〉

といった具合である。もちろん、その場で名刺に書き込んだりしたら相手の不興を買うから、相手と別れてからにしよう。その程度のメモなら時間もかからないし、電車の中だってできる。この名刺のメモが、次にその相手と会うときに役立つのはいうまでもない。

「このところ宮崎県は〝元気〟ですね。なにかと話題に取り上げられて。○○さんは宮崎のご出身でしたよね」

「私も下手の横好きのレベルですが、ゴルフに目がないんですよ。一度、教えていただきたいですね」

「今度の連休には、どこか海外にお出かけになる予定がおありなんですか？」

さりげなく、そんな話題を持ち出す。初対面のときに自分がふと口にしたことを覚えておいてくれた相手に、好感を持たないはずはない。自分のことを話題にされるのがいやな人間はいないのだ。その場の空気は一気に和やかなものとなる。

自然、こちらの話を聞く態勢も、ビジネスライク（事務的）なものから親しみがこもったものに変わるのである。

「口外しないでほしいのですが……」は名人のテクニック

いち早く相手の懐に飛び込めたら、こちらの意向や考え方を説明するのもらくになる。ビジネスの場はおたがいに鎬《しのぎ》を削る戦場で、おいそれとは懐に飛び込めないかもしれない。ただし、ちょっとした工夫はできる。自分の〝秘密〟を教えるのもそのひとつだ。

達人の話によると、効果的な切り出し方になるのが次のフレーズである。

「これは口外しないでほしいのですが、じつは私、公認会計士になりたいと思っていまして、会社が引けた後、学校に通っているんです」

ちょっとした身辺情報だが、この言い方には「まだだれも知らないことだけれど、あなただから特別に明かします」というニュアンスが十分に感じられる。自分が別格と見られているとなったら、気分が悪いはずはない。相手の心の中でもあなたの存在が特別なものになるのは間違いないところである。

「そうですか。頑張ってくださいよ。願いがかなったときは祝杯をあげましょう」

心を開いた相手のそんな言葉には、きっと親愛の情がこもっているはずである。

共通のキーワードを早く見つけよう

話をしているあいだに、一気に相手との距離感が縮まったという経験はないだろうか。たとえば、こんなケース。

「弊社には秋田に東北営業所があって出張することがあるのですが、私は秋田出身ですから、どこか郷里に帰るみたいな気分がしますね」

「ほぉ、ご出身は秋田ですか。じつは私は山形でして。同じ東北人というわけですね」

初対面の相手でも出身地が同じ東北地方ということがわかると、俄然《がぜん》、親しみが湧く。おたがいに胸襟を開きあうことになって、話が盛り上がる。東北人という共通のキーワードが、自然に心の垣根を取り払うからである。

ここに会話をうまく進めるヒントがある。話の中でいかに早く、共通のキーワードを見つけるか。キーワードを見つけ、相手とそれを話題にすることで、距離感はグッと縮まり、親密度が増す。そのことをもっと意識すべきである。

せっかく相手からキーワードがもたらされているのに、聞き流してしまったら、あまりにもったいない。

　キーワードは出身地、出身校、食や酒の嗜好《しこう》、趣味……などさまざまな分野にある。それを的確にキャッチできるかどうかで、話し方のレベルには大きな差が生まれる。もちろん、仕事に関することも重要なキーワードになる。

「いまは営業課長をしていますが、長く企画にいましてね。ほんとうは企画を考えたりするほうが性にあっているんですが……」

「偶然ですね。じつは私も入社して一〇年ほど企画をやっていたんです。営業ではまだまだ新参者です」

　そんな会話がつづいているうちに、おたがいが近づくようになるのは、説明するまでもないだろう。

気難しい相手の気分をよくする超簡単キーワード

人の性格はさまざま。開けっ広げなタイプもいれば、殻に閉じこもりがちな人もいる。また、鷹揚《おうよう》なタイプもいれば、気難しい型もいる……という具合だ。

つきあいが長く、しっかり性格を呑《の》み込んでいるケースならいいのだが、まだ性格がつかみきれていない場合、とりわけ初対面では、どんな話し方をしたらいいのか戸惑ってしまうだろう。

「気難しい人だったらいやだな。言葉遣いひとつにも気を遣わなきゃならないなんて考えたら、気が滅入《めい》るな」

こんなことでは説明だってうまく運ぶはずはない。そんなときに知っておくと便利なのが、どんな相手でも気分がよくなる、きわめつきのキーワードだ。しかも、超簡単！　それは、相手の名前である。

ビジネス会話で相手を呼ぶ場合、もっともオーソドックスなのは「御社」という言い方だろう。

「今回提案した企画ですが、御社から何かご要望はありますか？」

もちろん、敬語的にも間違いがない言い方だが、どことなく杓子《しゃくし》定規な感じを受けないだろうか。

よくいえば、ビジネスマナーにかなったものだが、悪くいうと、親しみが感じられないのである。しかし、相手を名前で呼ぶと印象は変わってくる。

「今回提案した企画ですが、○○さん、何かご要望はありますか？」

どうだろう。おたがいの距離感がグッと近くなったような気がしないだろうか。名前で呼ばれると、相手は自分の存在が確かに認められていると感じるのだ。気難しい性格の人でも、存在の認知には弱い。気分上々になるのである。

会話のなかでは意識して、相手の名前を呼ぶのがいい。たったそれだけで、堅苦しい垣根が取り払われるものである。

頭のいい人は、こう反論する

会議というのは、出席者がたがいに自由な意見を闘わせる場だ。だが、「和」を重んずる日本のビジネスシーンでは、どこか反論がしにくいという面がある。誰かの意見に対して、真っ向から、

「それはちょっと認識が甘いと思います。もう少し現場のデータを尊重しないと、今後の方向性を見誤るようになるんじゃないですか」

などと反論したら、その場には険悪な空気が漂う。頭ごなしに自分の意見を否定された人がカッとなったとしてもムリはないのである。反論する場合には、とくに言い方に十分配慮することが必要なのである。

ポイントは相手の意見を、いったん受け入れるような表現から始めることにある。自分の意見が賛同をもって受け入れられたら悪い気はしない。対立的な姿勢はそこで影をひそめるのだ。だから、その後に語られる反論もニュートラルな立場で聞けるのである。

もちろん、反論の展開にもテクニックがいる。断定的な言い方をしないのがそれだ。

「いまの提案は問題点を的確に出したものだと思います。たしかに方向転換が必要な時期にきていますね。ただ、現場のデータをもう少し詳しく分析したほうが、進むべき方向が明確になるのではないかという気がしないでもないのですが……」

内容的には「現場データを重視しないと、方向性を誤るぞ」ということなのだが、「〜ではないかという気がしないでもない」という表現によって、断定が回避されている。この曖昧さが反論のツボなのである。これなら相手も素直に、

「そうか。たしかにそういう見方もできるな。データを見直してみるか」

と自分の提案の不完全さに思いをいたすことができるのである。

質問するかたちで、やんわりと問題点を気づかせるのもいい方法だ。

「とてもいい意見だと思いますが、その方向で進めるうえで○○の点はどのように考えておられますか？」

「ちょっとその点は考えていませんでした。そうですね。その問題をきちんとクリアしないといけませんね」

質問は相手に自分の意見の弱点や矛盾点をみずから認めさせるケースで、きわめて有効な手法なのである。

いきなりの「挨拶」でパンチ

どんな場面であれ、コミュニケーションは「挨拶《あいさつ》」から始まる。対話でも商談でも挨拶抜きに本題に入ることはあり得ない。誰もが知っているビジネスの基本中の基本だが、意外にその挨拶を軽んじているということはないだろうか。

新入社員のあいだは、出社すると「おはようございます」と大きな声で挨拶をしていたのに、仕事にも慣れ、経験もそれなりに積んでくると、挨拶がなおざりになることが少なくない。「どうも」「（おは）よっす」ですませてしまうことになるのだ。きっと思いあたるフシがある人が多いのではないだろうか。

しかし、「たかが挨拶」と考えるのはとんでもない間違いである。人間関係では第一印象が大切といわれる。コミュニケーションのスタートである挨拶は、その第一印象に大きく関係しているのである。はっきりいえば、挨拶しだいで第一印象の九割は決まるといっても決して過言ではない。

初対面の相手に対して、にこやかな表情ではきはきと、「初めてお目にかかります。◯

○社営業二課の山田太郎でございます。どうぞ、よろしくお願いいたします」と挨拶できているかどうか、チェックが必要だ。

社名だけで所属を伝えなかったり、名前をフルネームで言わなかったりということはないか。些細《ささい》なことだと思うかもしれないが、そんなちょっとした違いで第一印象は大きく違ってくるのである。

挨拶にはお辞儀がつきものだが、ここにもポイントがある。挨拶の言葉を言いながら頭を下げるのではなく、言葉を言い終わってからお辞儀をするというのがそれだ。「語先後礼」というこの方法は、好印象の決め手といってもいい。

日常のビジネスで得意先を訪問したり、自社に迎えたりする場合にも、挨拶いかんで相手が受ける印象は違う。「いつもお世話になっております」というフレーズが定番になっているが、これだけではいかにも杓子定規という感じがする。訪問では「本日は貴重なお時間をいただきまして、ありがとうございます」と感謝をつけ加えよう。

相手を迎えるときは、「本日はわざわざご足労いただきまして、ありがとうございます」のひとことが必須《ひっす》フレーズ。そのときどきの状況によって、「お暑いなか」「お寒いなか」「足元がお悪いなか」などを頭にフレれば、挨拶としては申し分のないものになる。

自分の「情報開示」で甘い関係に

ビジネスではオフィシャルとプライベートをはっきり区別することが大切だ。公私の別を曖昧にしていると〝癒着〟が起こりやすいし、ビジネスに不透明な要素が入り込む原因にもなる。しかし、ビジネスライクな会話に徹しすぎるのも考えものである。

「彼はいっさい自分のプライベートについては話さないな。いったいどんな人間性なのか少しも伝わってこないんだ。けっこう長いつきあいなのに、いつまでたっても打ち解けないのは、ちょっと残念だし、寂しい気がするよ」

相手にそんな感じを持たせてしまうからである。人間的なつきあいができないままでいれば、やがては相手にとって苦手な存在になってしまう。それがビジネスの上でマイナスに働くことは説明するまでもないだろう。

ときには会話の中でプライベートな情報を出し、自分の人間性や素顔を見せることは、相手に接近することに直結する。家族の話でも趣味のことでも、学生生活の思い出でもいい。たとえば、

「私の兄が旅行代理店におりましてね。ご家族で旅行されるときなどにひと声かけてくださされば、お役に立てるかもしれません」

「おや、そうですか。家族旅行のときはいつも、交通機関や宿の予約で苦労するんです。これからはお願いしようかな」

　このように、自分の情報が相手にとって耳よりの情報になることもあるし、そうはならなくても、「学生時代はラグビーをやっていたんだ。私はテニスだったけど、同じ体育会系だな」とか、「彼も奥さんと娘さん二人なのか。おたがい男一対女三の厳しい家族構成ってわけだ」とわかり、いままより一歩踏み込んだつきあいをするための道が開かれるのである。

「鸚鵡返し」の意外すぎる効果

自分の言うことをしっかり聞いてくれる、言いたいことがちゃんと伝わっている。話をしている人にとって、いちばん心地いいのはそれを実感するときだろう。うなずきや相づちがそのための有効なツールであることは、すでに話した。

ここではもう一歩進んで、さらに心地よさを高めるためのツボを教えたい。それは「鸚《おう》鵡《む》返し」だ。鸚鵡返しというと、相手の言うことをそのまま繰り返すだけで芸がないというイメージかもしれないが、さにあらず。

「いまは東京営業所ですが、こちらにくる前はずっと北海道で、札幌、旭川《あさひかわ》などの営業所にいたんですよ」

「北海道にいらしたんですか。札幌、旭川の営業所のほうに……」

言葉を繰り返しただけの鸚鵡返しだが、相手としては、自分の話を真剣に聞いてくれているようだという気持ちになる。「そうですか」とそっけなく受けるのと比べてみれば、違いは明らかだろう。もうちょっと機転を利かせるなら、

「北海道の冬は大変じゃないですか？　私は行ったことがありませんから、想像するしかないのですが」

といった具合に、鸚鵡返しから話を広げれば、相手の心地よさは急上昇する。そこから北海道暮らしの様子が語られるのは間違いない。その心境を探れば、「彼はわたしのビジネスキャリアに興味を抱いてくれたんだな」という心持ちになっていることが見えてくる。興味を持ってくれる人間に自分自身のことを語るのは快感以外のなにものでもない。いろいろと話すようになった相手は、あなたに近しさを感じているのである。

鸚鵡返しに驚きの表現をつけ加えるのも効果的だ。

「うちの社は海外にも事業部があるんですよ。そこに移るのが夢で、いま英会話の学校に通っていましてね」

「海外勤務ですか。そのために、英会話学校に行ってらっしゃるなんてびっくりしました。すごいなぁ。私も見習わなければいけませんね」

驚きの表現は、相手の行動に対する強い共感を示したり、尊敬の念を伝えたりするのにうってつけなのだ。これらの「鸚鵡返し＋ワンテクニック」を心得ておくと、気難しい相手の攻略もやさしくなる。

感動を端的に伝える表現テクニックがある

欧米人に比べて「日本人は気持ちや感情を表現するのが下手だ」といわれる。たしかに、ジェスチャーも交えて、なんとも巧みに感情を表現する欧米人には脱帽するしかない。

とはいえ、対話の中では、やはり聞き手の感情表現もかなり大きな意味を持っているといえるのではないか。

自分が熱っぽく語っているのに、聞き手が淡々としていたら、だれだって拍子抜けしてしまう。「おれの話に興味がないのかな」「話が面白くないんだ」と熱っぽさも一気に急降下である。このような話し手と聞き手の温度差は、人間関係にもギクシャク感を生まずにはいられない。

となると、相手を説得するには温度差を埋める必要があるだろう。相手の熱っぽさに対しては熱っぽさでこたえる。それには感動を端的に表現することだ。「あなたの話にこんなに感動しています」ということが伝われば、相手のテンションは上がる。テクニックのツボは相手の語る言葉にある。

「先日、急に企画書の一部を手直ししなければならないことになりましてね。三時間ほどでなんとか仕上げましたが……」

こんな話をするとき、相手がもっとも語りたい言葉は何か。もちろん、「三時間で仕上げた」という部分である。スピーディに仕事をこなせるということこそ、相手は語りたいのである。

そこをつけば、相手が望む感動表現は完結である。できる人は、そのあたりの話し方がうまい。

「三時間ですか！　さすがだなぁ。企画の全体像をしっかりつかんでいるから、そんな神ワザができるんでしょうね」

これを「急な手直しでは大変だったでしょう」と受けたのでは、十分とはいえないのである。話の中から、相手がもっとも感じてほしいと思っている言葉を的確に探り当てる。感動を伝える見逃せないポイントである。

タブーの話題に近づかない

さまざまな話題を提供しながら、相手がそれにどうこたえるかで、相手の考え方や希望を見きわめていくという方法がある。考え方や希望がつかめれば、それだけ説明もしやすくなる。しかし、どんな話題をふるかについては注意が必要だ。話題にはタブーがあるからである。

一般的にいわれるタブーは、宗教と政治の分野の話題だ。特定の宗派や宗教団体については、ふれないようにするのが原則。「○○教団の勧誘の強引さといったら、まったく迷惑千万ですね」などとこき下ろしたら、相手がその教団の熱心な信者だということもないではないのだ。〝信仰の自由〟はあくまで尊重されなければならない。さわらぬ神に祟《たた》りなし、と肝に銘じておこう。

政党についても同じ。いくらふがいない政策を苦々しく思っていても、それを表立って口にしてはいけない。ある政党の批判をしたら、相手は親代々からその政党の支持者で、表情が一変という事態も、当然、起こるのである。

スポーツもタブーと考えておくのがいい。スポーツを一般的に語るのはかまわないが、自分の贔屓《ひいき》チームに肩入れした話題は危ない。

「いやぁ、中日ドラゴンズの五三年ぶりの優勝、みごとだったですね。まさに快挙ですよ。テレビ中継はご覧になっていましたか？」

「観ておりましたが、わが日本ハムの敗戦の悔しさで、あの夜はやけ酒しかなかったですね。あの結果、ドラゴンズファンには痛快でしょうが、屈辱感ばかりでしたよ」

このように、スポーツの話題は険悪な空気をつくるもとにもなるのだ。

学歴や家族の話題も、こちらから持ち出すのはやめたほうがいい。何の気なしに「大学はどちらですか？」と尋ねた相手が、高卒、中卒ということもあるわけだし、いい夫、いい父親に見える相手が、良縁に恵まれないまま、はからずも独身ということも、十分に考えられるのである。

また、相手が女性の場合は、容姿についての話題もタブーになる。「えっ、四十代なのですか？　お若いですね、ぜんぜんそうは見えませんよ」。若々しい相手に対してのフレーズのようだが、いまは美容的に手を加えて若さを保っているケースが少なくない。〝秘密〟を見透かしたような言い方は、相手を傷つけることにしかならない。

相手が苦労話をしたら徹底的に乗る

説明を相手に受け入れてもらうためには、まず、その場の対話に相手を引き込むことが大切である。いくら一所懸命にこちらの思いを説明しても、相手が心ここにあらずという状態では、効果は薄い。さて、どうするか。

対話に引き込むテクニックとして覚えておきたいのが、苦労話には徹底的に乗るということである。苦労して難局を乗り越えた、苦労の末に仕事を成功させた……といった経験は、本人にとってはビジネスキャリアの輝かしい〝金字塔〟でもある。敷かれたレールに乗ってとんとん拍子に実績を上げたこと以上に、そんなキャリアには誇らしい思いを抱いているものなのである。正直なところ、いちばん吹聴《ふいちょう》したいのが苦労話なのだ。

そこに上手に水を向ければ、相手の気分も高揚し、舌もグッと滑らかになる。

「ずっと東京だったのですが、入社して三年目に新潟に転勤しましてね。東京とはまったく違う土地柄、人柄には戸惑うことばかりだったですね」

そんな話が出たら、絶好の攻めどころだ。

「そうでしょうね。その土地土地で習慣やしきたりなども違うでしょうし、ご苦労のほどがしのばれますよ。いちばんのご苦労というと、どのあたりだったんですか？」

このように、相手が存分に思いのタケを語れる雰囲気をつくるのである。

「やっぱり、その土地になじもうとしている姿勢をどう伝えるかということでしょうか。〝よそ者〟という見方をされているあいだは、営業に行ってもなかなか話を聞いてもらえませんでしたからね。そこで私は、休みを返上して地域の行事に参加するようにしたんです。結局、それでだんだん仲間と認めてもらえるようになった気がしますね」

「なるほど。郷に入っては郷にしたがえ、を実践されたわけですね。頭ではわかっていても、それを行動に移すのは大変なことだったと思いますよ」

苦労話に徹底的に乗れば、相手は満足し、さらには自分の〝理解者〟としてこちらを認識するようになる。これで説明を受け入れる下地は整ったといっていい。

「では、今回のイベントの説明をさせていただきます。申し訳ないのですが、この部分は御社で準備していただきたいのですが……」

相手が満足感に浸っている中で切り出せば、こちらのペースで話を進められる可能性はグンと高まる。理解者のためには多少の無理も聞くのが、人間心理というものである。

「情」は「論理」に勝る

「話がまどろっこしいな。もっと論理的に話してもらわないと、結局、何が言いたいのか、よくわからないよ」

ビジネスシーンではよく耳にするフレーズである。ビジネスの会話では報告、連絡、相談が重要とされるが、論理的で簡潔なのがいい。即座になんらかの対応をしなければいけないケースでは、それが大切である。

しかし、説明はどうだろう。たとえば、商品説明をするといった場合に、論理だけで押して、はたして相手の共感を得られるだろうか。

「今回発表した新車は、燃費は従来のものより一〇パーセント向上していますし、室内スペースも左右が二〇センチ広くなっています。パワーも一二〇馬力にアップしました」

まさに論理的な説明だが、どこか大切なものが伝わってこない感じがしないだろうか。社内向けのプレゼンテーションなら、こんな説明がいいかもしれないが、顧客に対する説明としてはうまくない。これでは車を購入しようという気にならないと思うのだ。

共感をつくるのは論理よりは、むしろ情に訴える話し方なのである。

「今回の新車は、ご家族四人がゆったりお乗りいただけるようになりました。高速に入るときも、加速がいいですから安心して入れますし、ガソリン代もこれまでより抑えられると思います」

〝ゆったり乗れる〟〝安心して高速に入れる〟〝ガソリン代が安い〟といった言い方は、情感に訴える説明だが、顧客はそれでこそ具体的に車をイメージできるのである。そこから、「なるほど、これまでちょっと窮屈だったけど、四人がゆったりすわれるのはいいな。ガソリン代も値上がりしているから、安く抑えられたら助かるし……」

という共感につながれば、セールストークとしては合格である。

情に訴える話し方は、相手におもねることとは違う。相手の立場になって、「何がその人にとってメリットになるのか」に考えをめぐらせ、それを情報として説明の中で展開していくことなのである。

だから、相手を個人として意識するという姿勢が欠かせない。何がメリットになるかは、人それぞれで違うからである。その一人ひとりを見つめる視点が、共感の原点だということを知っておこう。

客観性を前面に出すと反論が有効になる

ビジネスでは自分の意見をはっきり言うことが原則だ。曖昧に言葉を濁したために、誤解を生んでのちのちトラブルになるといったケースもよく耳にするところである。

しかし、現実には意見をはっきり言うことが、むしろ波風を立てることになることが少なくない。

「部長、そのご意見には賛同できかねます。現状を打開するにはもっと抜本的な対策を講じなければいけないのではないでしょうか」

上司の意見に反論するというケースで、こんな言い方をしたら、間違いなく相手は気色ばむ。たとえ、反論がまっとうなものだったとしてもだ。

面目をつぶされた上司は、少なからず「平社員の分際でおれに刃向かうつもりか」と感情的になるし、内心では反論に同調している周囲も、「あんな言い方はまずいよ」と、批判的な目を向けるようになる。

理は自分にあっても、よけいな波風を立てるのは得策ではない。ではどうするか。そんなときは、客観性を前面に出すのがいい。客観性は自分の立場を「反対」ではなく、「中立」的なものにしてくれるからである。

「部長のご意見は傾聴に値するものですが、対策としては、このようなものもあるようです。そのあたりをどう見たらいいものなのか、部長のお考えをお聞かせいただきたいのですが……」

自分の意見も「～のようだ」という言い方にすることで客観的なものとなる。相手に対する〝刺激度〟は段違いである。さらに、「お考えを～」という言い方でお伺いを立てる姿勢を打ち出すことで、上司の面目は十分に保たれるようになる。

この「客観性＋お伺い」のワンセットは、波風を立てない反論法として覚えておいて損はない。

相手を認めて「やる気」を出させよう

指示にしろアドバイスにしろ、その説明内容が相手にきちんと伝わるためには根回し、つまり、下準備が必要だ。たとえば、ミスをした部下を叱りつけたあと、新しい指示を出したとしても、部下がその内容をきちんと把握できるかどうかは疑問である。

部下は叱責《しっせき》を受けたことで心は穏やかでない。落ち込んでいることもあるだろうし、反発を感じていることもあるだろう。いずれにしても、こちらの意図を十分に汲《く》みとれる精神状態ではないのだ。指示通りに動くかどうかは、かなり疑わしい。

ここでのもっとも有効な根回しは、相手を認めること。ミスを咎《とが》めたら、そこで終わらせるのではなく、認めているのだということを知らせることが大切なのである。

「わかったな。キミの力からしたら防げなかったはずがないミスだから、こんな話をしたんだぞ」

力が認められていることがわかったら、落ち込みも反発も消える。そこで指示を出せば、相手は平常心でそれを聞けるのである。仕事の中で発破をかけるときも、言い方しだいで

相手の心境はずいぶん違ったものになる。仕事のスピードが遅くて残業をしている相手に、頭ごなしに、

「なんだ、まだ仕上がらないのか。期限は明日の朝一だぞ。大丈夫なのか」

という言い方をしたら、「冗談じゃないよ！　こっちだってわざと遅らせているわけじゃないんだ」と反発するのは当然である。認める言葉がどこにもないからだ。一方、こんな言い方ならどうだろうか。

「お、頑張ってるな。残業させて悪いが、明日の朝一までになんとか頼むぞ」

「頑張ってるな」のひと言で、相手は自分が認められていることを実感し、その期待に精いっぱいこたえようとする。仕事に対するモチベーションを高めるうえで、認めることほど効果的な対応はないのである。

だれにだって自尊心がある。それを傷つけるか、くすぐるかで、反応が天と地ほども変わってくるのはいうまでもないだろう。傷つけられれば、相手の意欲はしぼみ、くすぐられれば、やる気がみなぎってくるのだ。「認める」ことは、自尊心をくすぐることに等しいといっていい。あなたの周囲を見渡してほしい。できる人は、例外なく「認める」というスタンスをもっていることがわかるはずだ。

どう話すかではない、どう受けとられるかだ

何かを説明しようとする場合、第一に考えなければいけないポイントは何だろうか。

「どう話すかを、あらかじめ順序立てて考えておくことじゃないか」

おそらく、そう答える人が多いはず。たしかに、話があっちへ行ったりこっちにきたりして、支離滅裂気味では、伝わるものも伝わらない。どう話すかも、ポイントのひとつには違いない。

しかし、それにもまして大事なポイントがあるのだ。自分の言葉が相手にどう受けとられるかを考えること、である。話をするときには、だれでも自分の思いを言葉に換え、文脈を組み立てる。問題はそれからである。多くの場合、その作業を終えて実際に話すときには、思いがそのままに伝わっているものと考えてしまうのではないか。

ここに大きな落とし穴がある。言葉の意味、話の内容をどう解釈するかは、じつは相手にまかされているのだ。つまり、自分では思いが伝わっていると考えていても、相手はそれをまったく違う思いとして受けとっているかもしれない。その具体的な例を示そう。

「御社のこの前のプレゼンテーション、すっきりした感じでしたね」

簡潔にまとまっていたという意味で、こんな表現をしたとする。もちろん、他意はない。しかし、聞いたほうとしては、さまざまに解釈する可能性があるのだ。

「すっきりってどういう意味かな。手を抜いたと思われているのか、練り方が足りないと考えているのか、それとも内容がよく伝わらなかったのか……」

そんな〝曲解〟をするほうがどうかしている、などと責めるにはあたらない。こちらは好意的な評価を伝えるつもりで言った言葉が、相手には否定的な評価と受けとられることはよくあると考えておかなければいけない。なにげない言葉からも、誤解は生まれる。

「わが社みたいなちっぽけな会社は、キメこまかな対応をしていかないと……」

謙遜《けんそん》の気持ちから使った「ちっぽけな会社」という表現も、もし、相手の会社の規模がもっと小さかったりすれば、皮肉にもとられかねない。

「そちらがちっぽけだったら、うちなんかどうなるんだ。ゴミみたいな会社なのか」

もちろん、これは極端な例かもしれない。しかし、感性や言語感覚は人それぞれで違うのだ。相手の環境や立場、あるいは年齢や性別を踏まえ、自分の言葉がどう受けとられるかを考えて話をするべきなのである。

相手は素人かもしれないのに

懇切丁寧に説明しているのに、相手の反応はもうひとつピリッとしない。苛立《いらだ》たしさが頭をもたげてくるシーンだ。

「ここまで噛《か》んで含めるように説明してわからないんじゃ、お手上げだな！　何度繰り返し説明させりゃ気がすむんだ」

内心ではそう思う。その気持ちはわからなくはない。説明をスムーズに進めるには相手の理解力も不可欠の条件である。しかし、理解力を疑う前にすべきことはないだろうか。ちょっと考えてみてほしい。相手が「わかっている」「わかるはずだ」というのは、自分の勝手な判断ではないのか。その自己判断のもとで、相手の理解力を疑問視するのは身手というものである。

「新発売のこのデジタルカメラは九〇〇万画素ですから、ビビッドな画像が撮れますよ。印刷もプリンタのＵＳＢポートにコネクターを差し込むだけで簡単に……」

デジタル機器を使い慣れていれば、的確な説明と受けとれても、デジタルには縁がなかったアナログ人間には何のことやらさっぱりわからない。「画素」が何を意味するのか、「ＵＳＢポート」が何なのかを、自分が知り抜いているからといって、相手も同じ知識があると考えるのは間違いだ。

あらためて考えてみると、ごく当然のことなのだが、日常のビジネスの中ではこの点が意識から抜け落ちていることが、案外少なくないのである。相手は〝プロ〟である自分とは違い、あくまで〝素人〟だという認識を忘れてはいけない。

その認識があれば説明にも工夫が生まれる。専門用語、業界用語はできるだけ避け、一般的な表現に言い換える。だれにでもわかる具体的な例を引く。説明しながら、「わかりにくかった部分はありませんか？」と尋ねてみる。そうした気配りをすれば、ずっとわかりやすい説明になるはずである。先にあげた例でも、「画素」の部分を、

「従来のカメラのフィルムの感度みたいなものだと考えてください。九〇〇万画素というと、とても感度がいいフィルムになりますから、鮮明な画像が撮れるわけです」

などと言い換えたら、アナログ人間にもイメージしやすいのである。

説明のときにもっとも注意しなければいけないのは、「こんなことも知らないのか」という思い上がりだ。「知らなくて当然」を説明する側の基本にしなければいけない。

相手にだってプライドがある

ビジネスシーンではときに、相手に厳しい姿勢で臨まなければならない場面がある。上司が部下に苦言を呈したり、仕事相手に注意を申し渡したりするといったケースがそれだ。もちろん、言うべきことは言うのが筋だが、言い方によっては相手がかたくなになり、こちらの気持ちが伝わらないということにもなりがちである。

非は相手にあるのだからと、どこか高飛車になることはないだろうか。しかし、その態度は慎むべきだ。高飛車になるとどうしても感情が入り込み、言うべきこととの枠を超えてしまうことにつながる。こうした場面でいちばん考えなければいけないのは、相手のプライドに十分配慮することだ。プライドを傷つける言い方は、相手の素直に耳を傾けようとする気持ちを確実に失わせる。正当なクレームや指摘、注意に対しても、反感しか持たないようになるのである。

では、どんな言い方がプライドを刺激してしまうのだろう。人格を非難するような言葉がもっともいけない。自分が犯したミスや間違いについて、叱責されたりきつく注意されるのはいい。当然、「まずいことをしてしまったな」という自覚はあるわけだし、反省もしているからだ。

「確認のアポイントを入れなかったから、行き違いが生まれたんだぞ。当日に確認するのはビジネスのイロハじゃないか。あらためて肝に銘じておけよ」

確認を怠ったというミスだけに言及している、こんな言い方なら相手も謙虚に受け止められる。しかし、次のような言い方はまずい。

「確認を忘れるなんて、そんなことだからキミは上っ調子な人間だと言われるんだよ」

「上っ調子な人間」という表現は人格に踏み込んでいる。これでは、生まれるのは反感だけだ。

第2章　「コイツはできる」と思わせよう

九九パーセントは見かけで決まる

商談や交渉での勝負は、先方と面談したその瞬間に九割は決しているといえる。口火も切らないうちになにが勝負だ、と思うかもしれないが、双方の見かけで、アドバンテージをとるか、とられるかは決まるのだ。

面と向かった相手が、スーツの上着の肩先にはフケが目立ち、ズボンはプレスがなくシワでよれよれ、襟元からのぞくワイシャツは清潔感なく薄汚れている、という様子だったらどうだろう。マナーの心得がないと感じると同時に、「きちんとした仕事ができる人とは思えないな」という評価を下すのではないか。そう、見かけは仕事の実力の評価にも多大な影響を与えるのである。

いうまでもなく、「逆もまた真なり」である。こちらの見かけも、相手が実力を値踏みする大きな要素になるのだ。基本は清潔感だ。スーツとシャツのブラッシングとプレスは怠りないか、靴は磨かれているか、ネクタイはシワっぽくないかをチェックしよう。

もちろん、ブランド品、高級品である必要はない。収入に見合ったレベルのものでかまわないから、「小ぎれい」「こざっぱり」を心がける。

見かけの大切さは理論的にも裏づけられている。アメリカの心理学者であるメラビアンは、こんな法則を発表している。印象をつくりあげる要素として、「視覚情報」「聴覚情報」「言語情報」があるとするメラビアンは、それぞれの影響力を次のように規定しているのだ。視覚情報五五パーセント、聴覚情報三八パーセント、言語情報七パーセント。

つまり、どんな印象を持たれるかは、半分以上見かけにかかっているというわけだ。

「ビジネスは実力の世界だ。見かけ？　そんなの関係ないね」

などとタカをくくっていると、せっかくの実力を発揮する前に、不当に低い評価を下されるようになるのである。

見かけは気分にも影響する。プレスのきいたスーツを着て、磨き上げた靴を履き、ネクタイをきりりと締めて面談に臨めば、「よし、きょうはなんとしてもこちらのペースで話を進めるぞ！」という気魄《きはく》も湧き上がってくる。登場した相手が、よれよれ系なら、「この勝負、もらった」という心境にもなろうというものだ。

面談直前には、化粧室の鏡で見かけの最終チェックをおこなう。できる人は、そんな日課を欠かさないものである。

一を聞かれたら十まで答えよう

説明では、つねに相手の反応に的確に対応していくことが大切だ。「打てば響く」という言葉があるが、まさにそれである。打ってもまるで響かない対応では、相手はいっぺんに話に興味を失う。ひとしきり説明して、相手から、

「いま、うかがった部分でここがもうひとつわかりにくかったのですが、もう少し詳しく説明していただけませんか？」

といった質問があった場合などに、こちらの〝響き方〟が問われる。同じ説明を繰り返すのでは相手の要求にこたえていることにはならないし、「これ以上詳しい説明となると、私ではちょっと……」という対応も相手を失望させることにしかならない。

「なんだ。説明するといったのに、こちらの知りたいことを説明できないじゃないか」

一瞬でもそう感じさせたら、相手の聞く耳は完全に塞《ふさ》がれるのである。「一を聞かれたら十を答える」。説明する側に求められるのは、そんな姿勢である。相手からはどんな質問が出てくるかわからないから、とにかく、答えはたくさん準備して説明に臨むのがいい。

「今回のキャンペーンで、どのくらい売上の伸びが見込めるでしょうね」

などと聞かれて、「二割くらいの伸びを期待しているのですが……」という程度の答えでは、到底、響くものとはいえない。

「過去三年間のデータをもとに、私どもでシミュレーションをしてみましたところ、二三パーセントの伸びという数字になりました。ちなみに、昨年の同時期のキャンペーンの結果は一八パーセントの売上増でしたが、キャンペーンの規模としては今回より小さなものでしたから、今回はこの数字は超えるものと考えています」

説明のレベルの違いは明らかだろう。当然、相手の受けとめ方も格段に違ってくる。

「二割くらいが期待できるということですか。う〜ん、ここでの返事は控えさせていただいて、一度、持ち帰って相談させてください」

前者では、せいぜいそんな受けとめ方しかされないが、後者なら、

「なるほど、ここまでデータをそろえていただいたのでよくわかりました。今回、二三パーセントはクリアできそうですね。では、これでいきましょう」

ということにもなるのである。「一を聞かれたら十を答える」周到な準備を忘れてはいけない。

「ポイントは三つあります」と先制攻撃をする

説明することを明確に相手に理解してもらうためには、メリハリをつけることが必要である。どんなにうまい説明でも、話が単調になると、理解度は落ちる。すべての話を、全神経を集中させて聞くということはできないのだ。

「ここは集中してください」というサインになるのがメリハリである。その際のキーフレーズが、頭にふる「ポイントは三つあります」なのだ。次の二つの説明を比較してほしい。

「企画として上がっているA案とB案を比較する必要があると思います。どちらが有効かをまず決め、具体的に中身を詰めていくという段取りです。きょうはそこまですすめておきたいと考えています」

「きょうのポイントは三つあります。A案とB案の比較、どちらを採用するかの決定、採用案についての中身の詰め、この三ポイントです」

さて、どちらが説明の中身を明確に理解できるだろうか。だれが考えたって後者である。先に「ポイントは三つあります」と言われることで、聞く側は「よし、ここから集中して聞いておかないとな」という気持ちになるからだ。話にメリハリがつくのである。

じつは「三つ」という数にも意味がある。自分が説明を受ける立場になって考えてみよう。「ポイントは一つ」「ポイントは二つ」と聞くと、案外、集中力が高まらないという傾向はないだろうか。

「一つや二つのポイントなら、何もそうかまえなくたって、聞き逃すわけはない」

という心理が働くからだ。逆にポイントが五つも六つもあると言われると、

「そんなに覚え切れないよ。もっと、ポイントは整理してくれなくちゃ」

と反撥《はんぱつ》しがちなのだ。「三つ」というのは、集中して聞く姿勢を整えさせるために、ちょうど頃合いの数といえる。

説明する側にとっても、「ポイントは三つ」と明言してしまうとメリットがある。先の例でもわかるように、要点だけを絞り込むという作業を、あらかじめしておく必要があるから、余計な文句が削《そ》ぎ落とされて簡潔な言い回しになる。

説明をするときに、もっとも注意を払わなければいけないのは、「結局、何が言いたいの?」というハメに陥らないことだ。「ポイントは三つあります」のキーフレーズは、それを回避するカギにもなるわけだ。

ポイントを整理するのは短い言葉

日常のビジネスの中で、「あの人の説明はわかりやすい」「何が言いたいんだか、もうひとつわかりにくい」という経験をしたことがあるはずだ。では、そのわかりやすさ、わかりにくさの原因について考えたことはあるだろうか。あるという人は、それが説明力のアップにつながったという実感を持っているに違いない。

説明をわかりやすく、あるいはわかりにくくする大きな原因になっているのが、フレーズの長さである。短い言葉、短いフレーズの連なりはわかりやすく、長くなるほどわかりにくくなる。実際に両者を比較してみよう。

「それでは企画書のほうは来月末までに作成していただいて、まぁ、どうしてもということであれば多少の遅れはかまわないんですが、できれば期日を守っていただくと、こちらで検討させていただく時間も余裕が持てるので、その後、すり合わせということになると思いますが、当方の部長の意向もありますので……」

なんともまどろっこしくて、わかりにくい。もう、お気づきだろう。この話し方はフレーズの区切れがなく、「、」で延々とつづいている。まどろっこさ、わかりにくさの原因はそこにあるのだ。聞いているほうは、「結局、言いたいことは何なの？　こちらはどうすればいいの？」となってしまうわけである。

　同じ内容の説明でも、フレーズを短くすると、ぜんぜん違ってくる。

「それでは企画書のほうは来月末までに作成してください。期日を守っていただけると、こちらで検討する時間も余裕が持てます。どうしてもということであれば、多少の遅れはかまいません。その後、当方の部長の意向も汲《く》みながら、すり合わせになると思います」

　これなら相手もこちらの言いたいことを、きちんと理解できる。期日までに仕上げるとどんなメリットがあるか、すり合わせはどんな段階を踏んでおこなわれるのか、ということが明確に伝わるからである。

　フレーズを短くしようとすると、ポイントが整理される。逆にいえば、ポイントを整理しないと、フレーズを短くできないのである。この「ポイントの整理⇓短いフレーズの意識」という手順を心がけるようにすると、説明力は間違いなく上がるわけだ。

数字や図形は目の前で描いてみせなさい

説明をする前に必要な資料などを渡しておくことは少なくない。基本的なところを聞く側に理解しておいてもらえば、いろいろ、説明する手間が省けるし、重要な部分だけを時間をかけて説明できるからだ。ただし、その資料がびっしりと文字だけで埋まっていたとしたらどうだろう。「これ全部読まなきゃいけないのか。面倒くさい話だな」となりそうである。

資料の読みやすさ、わかりやすさは、いかにビジュアル化するかにかかっているといってもいい。図形やグラフ、イラストなどをうまく使った資料は、文字だけのものに比べて変化があって読みやすいし、はるかにわかりやすい。

口頭での説明でも、この「百聞は一見にしかず」の効果を使わない手はない。数字などは「これが二五パーセントで、これこれが三八パーセント、こちらは一八パーセント……ということになっています」

とやるより、その場で紙をとり出して、円グラフや棒グラフをササッと描き、数字を書き入れたほうがずっとわかりやすい。もちろん、相手が受ける印象も深いものになるだろう。

図解したり、図示できるものも、できるかぎりそうしたほうがいい。言葉による説明では、相手が描くイメージは一定しない。「ちょっと見ると、灰皿のような感じで……」といった説明で陶器製の小型の灰皿をイメージする人もいれば、大きなクリスタルの灰皿をイメージする人もいる。あるいは、喫煙所にあるような筒型の灰皿を思い浮かべたって不思議はないのだ。そんなイメージの違いがあると、説明しても曖昧《あいまい》なものになってしまうだろう。

しかし、たとえ拙《つたな》くても、目の前で図形を描けば、そんなイメージのギャップは起こらない。説明が正確なものになるのである。ビジュアル化を心がけるというのも、できる人間の必須《ひっす》事項である。

雑談で自分をアピールする秘訣

雑談力という言葉がある。実際、コミュニケーションのなかで雑談の果たす役割は大きいのだ。雑談で「コイツの能力はこの程度か」「かなりできるな」という評価が下される確率は高いといっていい。流暢《りゅうちょう》な説明なら、マニュアルに頼ってもできるが、雑談にはビジネス感覚、時代感覚が色濃く反映されるからである。

よく、気候の話題から雑談を始めるという人がいるが、これはおすすめできない。無難ではあっても、あまりにありきたりである。主婦の井戸端会議なら、「きょうは冷え込みますね」で自然でも、ビジネスの場では「平凡」としか受けとられない。

アップ・トゥ・デイトな話題は、時代感覚が鋭いことをアピールするのに有効になる。いまはインターネットでも携帯電話でも、最新情報がゲットできる。雑談のなかで、さりげなくそれにふれると、「なるほど、こまかくチェックしているんだな」という印象を与えられる。時代の流れとは関わりなく、出てくるのは毎度おなじみの〝持ちネタ〟では、情報化時代のビジネスパースンとして、情けないかぎりである。

相手に関する情報を雑談に活《い》かせたら、さらに上級者レベルだ。ヒット商品を生み出したメーカーの人間が相手といった場合には、商品化までの経緯について情報を集め、

「あの商品の発案者は女性だそうですね。すばらしいアイディアでしたね。それに販売戦略がユニークでした。生まれるべくして生まれたヒット商品というところですね」

といった話題を投げかけてみる。これで相手が反応しないはずはない。

「じつは販売戦略については、私が中心になって組み立てたんですよ。それにしても、よくご存じですね。あなたの情報収集力には脱帽です。さすがのビジネス感覚だなぁ」

ということになる。相手が〝一目置く存在〟として認めることは間違いないだろう。

できると思わせる決め文句はコレだ

自分の持っている知識は、説明の有力な武器になる。知識の裏づけがあれば、説得力が増すし、相手の求めに応じて詳しい説明もできるからだ。ただし、知識を盛り込むことは「両刃の剣」であることも知っておかなければいけない。

「新製品の開発では、マーケティングがカギを握っていると思いますね。緻密《ちみつ》なマーケティングから発想が生まれ、商品コンセプトもできあがっていくわけで……」

得意満面に自説を披露したのはいいが、聞き手の中にマーケティングのバリバリの専門家がいたりしたら、なんともバツの悪い状況となる。生半可な知識を振りかざすと、往々にしてそんな結末になるのである。「できる人間」をアピールするために持ち出した知識が、かえって「浅はかな人」「知ったかぶりをする人」を印象づけてしまうのだから、皮肉な話である。

知識の持ち出し方にはコツがある。謙虚な姿勢をまず示すこと。そのための決め文句として、覚えておきたいのがこれである。

「聞きかじりで恐縮なのですが」

「それほど詳しいわけではないのですが」

この一言があるだけで、付け焼き刃の知識も聞き手の不興を買うどころか、むしろ、可愛げがあるとも受け止められるのである。もちろん、たしかな知識であれば、「専門家のレベルの知識を持っているのに奥ゆかしい。品格を感じるね」と評価はうなぎ登りになるだろう。

「一〇年間、この業界で実績を積んできた経験から言わせていただくと～」

などのように、経験やキャリアを楯《たて》に自慢げに知識をひけらかすタイプが少なくないのだから、謙虚な人は、いぶし銀の光を放つのである。

つねにプラス表現を心がけること

ものごとや現象にはいくつもの側面がある。どの面を見るかで様子はガラリと変わる。そのことを語るときによく引き合いに出されるのがこんな例だ。量が半分になったウイスキーのボトルがある。それを前にして、どう考えるか。答えは二つ。「もう、半分しかなくなっちゃった」と「まだ、半分残っている」である。同じ半分の量のウイスキーでも、対照的な見方ができるというわけだ。前者がマイナス思考、後者がプラス思考とされるのは、知っての通りである。

話し方についても同じことがいえる。たとえば、あるプロジェクトに関して、具体的にスタートさせるためにクリアしたい問題があったとする。

「じつはひとつ問題があります。それをクリアしないとプロジェクトはスタートできないのが実情なのです」

これは、説明として間違ってはいない。しかし、これでは聞いているほうに問題をクリアする大変さが強く印象づけられてしまう。では、こんな説明ならどうだろうか。

「ひとつの問題さえクリアすれば、プロジェクトはすぐにでもスタートできます」

違いは明らかである。この表現なら、プロジェクトをスタートさせるイメージが湧き、やる気を持って問題のクリアに取り組めるという気がしないだろうか。

このように、「～しなければ、～できない」という言い方もできるし、「～すれば、～できる」という言い方もできるというケースは多い。モチベーションを高めるのは、もちろんプラス表現の後者だ。どんな場面でも、つねにそのことを頭において表現を工夫してみよう。

「この部分でもう一歩譲っていただけないと、この契約は難しいですね」⇓×
「この部分でもう一歩譲っていただけたら、契約を結べるところまできていますね」⇓○
「この資料が足りないから、プレゼンテーションはできません」⇓×
「この資料さえそろえば、プレゼンテーションができますよ」⇓○
「明日ですか？　明日はご説明にうかがえないのですが」⇓×
「明日ですか？　明後日ならどの時間帯でもご説明にうかがえます」⇓○

ほんのわずかな言い回しの違いだが、マイナス表現とプラス表現の差は、こんなに歴然としているのだ。

できる人は言葉グセに気をつける

だれでも話し方に多少のクセを持っている。早口やゆったりした口調もそうだし、「つまり」「いわば」など特定の言葉が頻繁に出てくるというのもクセである。聞いている人が気にならない程度なら、クセも個性のうちだから、マイナスにはならない。しかし、聞き苦しかったり、耳障りになったりしているとすれば、クセも見過ごすわけにはいかない。

かなり広範に見られる言葉グセに、「あのう」「え〜」がある。クセの持ち主は気づいていないようだが、これらは頻繁に口にされる。

「あのう、明日の会議ですが、あのう、午後二時からではどうでしょう。あのう、場所は第二会議室を使いたいと思いますが、あのう……」

まるで何かを語り始める際の「接頭語」のように、「あのう」がなくては始まらないという人だって少なくない。「え〜」についても同様である。なかにはそのクセのために陰では「あのう部長」「え〜課長」などの綽名《あだな》で呼ばれているケースもあるようだ。

また、「というか（ていうか）」という言葉の頻発も気になる。相手の話を引き継ぐときに「というか」が使われるわけだが、よく考えるとこの言葉、礼を失している。

「では、この商品は一五パーセントまでディスカウントが可能というわけですね」

「というか、最大限の数字が一五パーセントということで……」

この言葉のやりとりで、「というか」には相手の表現が正確ではないという、ある種の否定のニュアンスがある。しかし、表現として間違っていないわけだから、本来は、「そうですね。最大限の数字が一五パーセントということで……」というのが正しい。

実際に経験したことがある人もいるだろうが、自分の発言につづいて、相手が「というか」を連発したら、「なんだよ、いちいち鬱陶《うっとう》しいなぁ」という気分になる。この言葉グセ、かなり相手に不快感を与えるものだと知っておきたい。

言葉グセを封じるには、あらかじめ話の中身や展開について整理するという「準備」を怠らないことだ。準備なしで話し始めてしまうから、言葉に詰まって、ついつい、いつもの言葉グセが出てしまうことになる。

準備をしておけば、発言にも自信が持てる。自信は発言をスムーズに運ぶための大きな力になる。もちろん、言葉を探したり、不必要な間をとるために言葉グセが出る余地はグンと少なくなるものである。

「しまった!」の失言はこれでリカバリー

　言葉は、必ずしもこちらの考えているとおりに相手に伝わるとはかぎらない。なにげない言葉が、相手の神経を逆なでしたり、逆鱗《げきりん》にふれたりすることもある。ふだんから親近感を持っている上司に、ちょっとした冗談を言ったところ、大目玉を喰《く》ったといった経験があるという人もいるのではないか。

「じゃあ、今度の販売促進について君の考えたものを説明してもらおうか」

「わかりました。それではちゃちゃっとやっちゃいます」

　気心がしれているという思いから、軽いノリで説明の前ふりをしたつもりが、上司に一喝されることもあるのだ。

「〝ちゃちゃっと〟とはどういうことだ。販促は営業の生命線だぞ。そんなちゃらちゃらした気持ちで考えた販促企画だったら、聞く必要はない!」

　場をわきまえない軽口は失言にしかならないのである。また、こんなケースもある。仕事相手にイベントの説明をしている際、

「最終案をまとめるのに、そうですね、この程度の規模のイベントですから、三日間もいただければ大丈夫だと思います」

これも、相手の逆鱗にふれかねない。

「〝この程度の規模〟ですか。うちとしては社運をかけたイベントなのですが、そういう捉《とら》え方をされているんですね。おたくにとっては片手間仕事というわけだ」

こうなってから、悪気はなかったという言い訳は通用しない。失言は仕事相手との関係を気まずいものにしてしまうのである。しかし、一度口から出てしまった言葉は引っ込めようがない。どう対応するのがいいか。すぐに詫《わ》びて、誠意を見せるしかない。

「つまらないことを言ってしまって申し訳ありません。十分に練った販促企画だという自信はあります。説明させてください」

「申し訳ありません。必ず、ご満足いただける最終案に仕上げて見せます。三日間、全力投球でやります」

間違っても、「そういう意味ではなくて……」とか「そんなつもりでは……」といった言い繕いはしないことだ。重苦しいその場の空気を変えることができるのは、一にも二にも誠意だということを胸に刻んでおこう。

デメリットを話すのも相手の興味を惹く

商品の説明などをする場合に陥りがちなのが、メリットやすぐれた点ばかりを強調してしまうということである。

もちろん、買ってもらうことが目的だから、いい面を力説する姿勢になるのは当然だろう。しかし、相手（顧客）の心理を読むことを忘れてはいけない。

「いいことばかり言っているけれど、話半分に聞いておかないとね。うっかり鵜呑《うの》みにしたら、後悔することになるのがオチなのだから」

セールストークに関して、相手は少なからずこんな心理で受け止めているのである。どんなにメリットやすぐれた点を説明しても、相手から懐疑の念は消えない。巧みに言い立てれば言い立てるほど、かえって懐疑は膨らむのではないか。「どうせ、セールストーク」と思われたら、興味を惹《ひ》くことはできないのだ。

むしろ、デメリットや多少の問題点をさらけ出すことが、興味を惹くツボだということを知っておくべきである。

「私もこの商品を使っていますが、スピードという点では少し、物足りないというところがたしかにあります。ただ、開発を担当している人間に聞いてみたところ、耐久性を優先したために、スピードは抑えざるを得なかったということでした。お客さまに長くお使いいただくというのが、私どものポリシーですから、その点は納得していただきたいのですが……」

あえて、デメリットを明かせば、マニュアル通りのセールストークではないことを相手は感じる。それが言葉に対する信頼感を生むのだ。つまり、「顧客の立場になって説明してくれている」という心理になる。

こうなれば、懐疑心は払拭《ふっしょく》される。メリットやすぐれた点についても、額面通りに受けとってもらえるのである。トップセールスマンが心得ている、この説明のツボは覚えておいて損はない。

「だれが」を省略すると誤解を生む

こんなことはないだろうか。話を聞いていて、「はて、この話はだれ（何）のことを言っているんだったたっけ？」。主語と述語のあいだに多くの言葉が入り込んでくる日本語では、話しているうちに「だれが（何が）」ということが曖昧になったりする。また、主語をはしょってしまうケースも少なくない。これがビジネスの上で誤解のタネにもなる。

「私は、開発から営業に移りまして、そういえば直属上司である○○課長も、前は営業じゃなかったはず。たしか、企画から移ったんだと思いますが……いや、違います、宣伝課からでした。宣伝から営業です」

これでは、「私」が宣伝から営業に移ったと取り違えても不思議はない。キャリアの説明なら、多少の誤解が生まれてもあまり影響はないかもしれないが、重要な局面で取り違えが起きたら、ビジネスに支障が出かねない。主語の省略も誤解のもとになりやすい。

「そこはこちらで対応すべきだという考えもありますし、ご迷惑はおかけしないようにと言われておりますので……」

対応すべきだというのは「だれの」考えなのか、迷惑をかけないように言ったのは「だれ」なのか、まったくわからない。相手は決裁権のある責任者の考えだろうと受けとり、対応を期待していたのに、じつは自分の考えにしかすぎず、責任者はまったく違う考えだったということにでもなったら、トラブルになってしまう。一方、

「担当部長はこちらで対応すべきだという考えですし、ご迷惑をおかけしないようにと（部長に）言われておりますので……」

主語を明確にしたこの言い方なら、誤解を生む余地はない。ビジネスではつねに責任の所在がどこにあるかをはっきりしておくことが必要だし、トラブルを回避するポイントでもある。主語を明確にすることによって、責任の所在が明らかになるのだ。

「これは私の考えですが」「上司の了解も得た考えですが」「社としての考えですが」など、まず、「だれの（だれが）」をはっきり示してから、内容を伝えるという話し方を心がけよう。

「それはどなたの考えですか?」「御社としてのご意見と受けとっていいのですか?」と、質問攻めにあってしどろもどろになるようでは、〝できる男〟失格の烙印《らくいん》を押されても文句は言えないだろう。

接続詞を使うと格段にわかりやすくなる

話をするときに重要な位置を占めているのが、接続詞の使い方である。説明がうまいと自他ともに認める人は、接続詞をじつにうまく使っている。単なる「つなぎの言葉」にしか見えない接続詞の秘めたるパワーを認識してほしい。

実例で検証してみよう。

「今回の新商品の企画は、もう少し考えたほうがいいと思います。来月には他社から同じような商品が発売されるという情報があります。それがどんな新機能を持っているのか検討が必要じゃないでしょうか。それを超える機能を盛り込めば、広く消費者を獲得できると思います」

接続詞がひとつもない、スリムな説明である。体裁はいいのだが、それだけに「右から左に受け流されて」しまいそうな気がしないだろうか。読み返しが可能な文書なら、スリムアップがわかりやすさに直結するのだが、聞き返しができない口頭での説明の場合は、必ずしもそうとはいえない。適切な接続詞を交えたほうが、格段にわかりやすくなるのだ。

「今回の新商品の企画は、もう少し考えたほうがいいと思います。なぜなら、来月には他社から同じような商品が発売されるという情報があるからです。だとすれば、それがどんな新しい機能を持っているか検討が必要じゃないでしょうか。そして、それを超える機能を盛り込めば、多数の消費者を獲得できると思います」

「なぜなら」「とすれば」「そして」という接続詞があることで、説明がより明確になっている。それにつづく話がどのような内容のものかを、聞き手に想像させるからである。

「こんな内容の話がつづくのだな」と察しがつけば、心の準備ができて理解力も増すのはいうまでもない。

頭のいい人は「たとえ」を使う

説明というのは、どこか事務的になりやすいところがある。必要なことを簡潔に伝えようとするあまり、そうなってしまうのである。だが、聞く側としてはマニュアルをそのまま読まれているようで、興味がわかない。これでは説明しても、相手を納得させられない。

事務的な説明にとどまらない効果的な方法のひとつに、比喩《ひゆ》を使うということがある。うまく比喩を使うと説明に血が通い、聞き手を惹きつけることができる。会議の前の説明でも、

「きょうは販売戦略の今後の方向性を決める重要な会議ですから、みなさん、存分にお知恵を出していただきたいと思います」

というのでは、いかにも事務的という感じがある。が、比喩を交えるとグッと変わる。

「きょうは販売戦略の今後の方向性を決める重要な会議です。この場は、いわば梁山泊《りょうざんぱく》といえます。みなさん、『水滸伝《すいこでん》』の英雄になった気持ちで、大いにお知恵を出していただきたいと思います」

梁山泊は、いうまでもなく『水滸伝』の舞台となり、英雄が集った地である。会議の場をそれになぞらえることで、メンバーの意気込みは掻《か》き立てられそうだ。

商品説明などでも、こうした比喩は使える。

「こちらの浄水器は水道水をアルカリイオン水に変えます。イオン化されたカルシウムをたっぷり含む水になって、ペーハーが……」

説明としてはしっかりしているが、いかにも無味乾燥ではないか。なんだか取り扱いマニュアルを読んでいるのと変わらない。では比喩を使うとどうなるのか。

「こちらの浄水器は水道水をアルカリイオン水に変えます。つまり、お肌にいい水、体にいい水になるんです。ぜひ、お使いいただいて、女性はみずみずしいお肌に、男性は水もしたたるいい男になっていただきたい」

どちらが購買意欲につながるかは、いうまでもないだろう。

比喩を使うと、聞く側は具体的なイメージを描くことができる。だから、納得させやすいのである。「耐水性能にすぐれた傘」⇒「土砂降りもものともしない傘」、「安全性が高い電化製品」⇒「お年寄りやお子さんでも安心して使える電化製品」……。違いは明白といえるだろう。

何から話すかが説明力のレベルを決める

「伝えたいことを漏れなく話せばいい」というのは、説明力としては初歩レベルである。まず、何から話すか。レベルはそこで決まるといっていい。一度聞くとだれでも理解できるようなわかりやすい説明をするためには、話す手順が重要になってくる。

話す手順として考えられるのは三つある。最初に全体の流れを話すケース、ポイントから話すケース、結論を先に話すケース、である。説明に際しては、どの手順を選択すればもっとも有効かを見きわめなければいけない。

時間的なスケジュールが決まっている会議などの場合、それに先立った説明では、まず、全体の流れを話しておくのがいい。

「最初の一時間で企画内容を説明します。その後、二時間ほどみなさんの自由な意見を出していただいて、最後の一時間で企画の最終的な修正作業をおこないたいと思います。全体で四時間の長丁場になりますが、よろしくお願いします」

出席者が流れをつかむことで、会議は時間的なロスがなく効率的に進行する。ポイントを先に説明すべきなのはこんなケースだ。

「きょう決定しなければならないのは、プロモーションの時期、展開する地域、タレントの絞り込みの三点です。時間は二時間ですから、テンポよく進めていきたいと思います」

決定したいことがあるなら、最初にそれをハッキリさせる必要がある。そのことによって、出席者に「プロモーションの時期は三〇分で結論を出したほうがいいな」という意識が生まれる。最後の案件は時間切れで次回に持ち越しといったことになるのを防げる。

また、次のようなケースでは、結論を優先させるのがいいだろう。

「〇月〇日にプレゼンテーションに参加することになりました。かなり厳しい状況だったのですが、部長に先方に出向いていただいたので、こちらの熱意を感じてもらえたようです」

この場合に最優先で伝えるべきはプレゼンテーションの日程である。そこを心得ないと、

「プレゼンテーションへの参加は、厳しい状況だったのですが、部長に先方に出向いていただいたので、熱意を感じてもらえたようで、〇月〇日に参加することになりました」

といったような説明になりかねない。「結論⇒経緯」か「経緯⇒結論」か、手順によって説明がわかりやすくもなるし、要領を得ないことにもなるわけだ。

二重否定するから曖昧になる

「すべてを言わず、含みを持たせる」「けなしながらほめる」「持ち上げながら否定する（ほめ殺し）」……など、言い回しの妙は、日本語の特徴でもある。政治家がよく使う「その件については、前向きに検討したいと存じます（検討するつもりはさらさらありません）」というのも、その一例に違いない。

それがコミュニケーションを豊かにしたり、深めたりすることを否定するつもりはないが、説明に使うのは控えたほうがいい。誤解を生み、トラブルに発展しかねないからである。とりわけ、気づかずに使いがちで、注意が必要なのは二重否定の表現だろう。

「いい提案だと思います。こちらも採用したいと思わないわけではありません」

「この企画なら、わが社にふさわしいといえないこともないですね」

このような二重否定の表現は、否定の否定だから、結局のところ肯定していることになるわけだが、相手の受けとり方は微妙だ。ともすれば、

「この前の提案、採用することにしました」

「えっ、このあいだのお話ではあまりご納得いただけなかったようなので、こちらでボツにしてしまったのですが……」

といったことになりかねない。お互いの意思の疎通をはかるという意味では、二重否定はダメ。曖昧さの元凶、混乱のもとになるのである。

説明には、持って回った言い方は必要ない。肯定するならはっきりわかる肯定の表現、否定の場合もはっきりわかる表現をすべきである。

「採用する可能性はあると思います」「わが社にふさわしい気もします」と言えば、相手が取り違えるということはないはずだ。

ミスの説明は最初の詫び方で決まる

仕事にミスやトラブルはつきものである。もちろん、どんなにできる人間でもミスがある。だから、ミスをしてしまったからといって、大きく評価が下がるということにはならない。

評価に大きく影響するのは、ミスそれ自体よりも、その後の対応法なのである。そこで、上司にミスを説明する場合について考えてみよう。

「○○君に頼んでおいた資料がそろわなかったので、十分な説明ができず、それが先方の怒りを買ってしまったようです」

このように、ミスが起きた原因を自分以外の人間に押しつけるのは最悪である。責任転嫁の典型である。その程度のことが見抜けない上司はいないから、評価はがた落ちになる。

ミスに対しては、なにより、まず率直に詫びることである。

最初から言い訳がましいことを言うのと、最初に詫びの言葉があって説明がつづくのとでは、聞く側の気分がまったく違う。

「申し訳ありませんでした」と言われれば、反省していることが伝わり、相手も、「わかった。じゃあ、ミスの説明を聞こうじゃないか」ということになる。言い訳が先にくれば、「そんなことより、最初に言うべきことがあるんじゃないのか！」と相手も感情的になって、まともに説明を聞いてくれなくなる。

詫びの言葉は、「申し訳ありませんでした」が定番だろうが、できる人間としては少しアレンジを加えたい。

「申し訳ありませんでした。私の不手際です」

「申し訳ございません。私に不行き届きな点がありました」

などのように、「不手際」「不行き届き」「不注意」「不始末」といった言葉をつけ加えると、もっと反省の思いが伝わり、責任を感じている潔さが際立つのである。その後の事情説明も、寛容な心で聞いてくれるようになるはずだ。

時間の流れをごちゃごちゃにしない

わかりやすい説明をするためには、聞く側が頭で整理しやすいように話を組み立てる必要がある。基本的なポイントとして押さえておきたいのが、時間の流れで話を組み立てていくということだ。現在の話をしながら、突然、過去の話を持ち出したり、未来の話に飛んだりするなど、時間をごちゃごちゃにすると、混乱を招きやすい。

「この商品は徹底的に消費者のニーズを汲み上げるなかで、つくられたものです。一〇〇人を対象にした綿密なヒアリングをおこない、その結果を分析してコンセプトを固めました。ただ、発想のそもそもの原点は一〇年前に弊社で開発した技術にあります。その技術というのはですね……」

商品の説明をしているわけだが、途中でその発想の原点が過去に開発した技術にあったことに思いいたり、「あっ、その技術の説明もしておいたほうがいいな」ということで、話をそこに向けている。丁寧に説明しようとする気持ちの表れなのだが、聞く側にとってはそれでかえってわかりにくくなってしまうのである。

説明のなかでこういうことはよくある。「あれも言っておかなければ」「これも話したほうがいいな」という思いになると、矢も楯もたまらず、話の方向がそちらにいってしまう。しかし、それではそれまでの話の流れが本流からそれ、聞く側を混乱させることにしかならないのだ。話は時間の流れに沿ったほうがわかりやすい。

「まず、この商品を発想した原点についてお話しします。一〇年前に開発した技術がそれで、その技術というのは……さて、この商品ですが、徹底的に消費者のニーズを汲み上げるなかで、つくられたものです。一〇〇人を対象にした綿密なヒアリングをおこない……」

時間の経過に沿って話をすると、「発想の原点は一〇年前の技術にあったんだな」「その技術をもとに、今回の商品は消費者のニーズを汲み上げてつくられたわけだ」というように、聞く側は頭で整理できて、混乱しない。

単純な売上の推移を説明するといったケースでも、「今年の売上はこうです。去年をみるとこんなふうになっていました。これらのデータから、来年はこのくらいの売上が見込めます」とやるより、「去年の売上はこう」⇓「今年はこうなりました」⇓「その流れから来年はこのくらいが見込めます」と時間の流れで説明したほうが、スッと頭に入るのである。

言いたいことは相手に言わせる

説明の目的は、相手にこちらの言いたいことを納得して受け入れてもらうことである。そのためにはこちらが一方的に話すのではなく、相手のリアクションを引き出すのが効果的だ。リアクションは相手が話に興味を持ったということの証拠だからである。興味がなければ、相づちくらいは打ったとしても、まともなリアクションは返ってこない。

リアクションを引き出す説明の手法として、こちらから質問をぶつけるのもいい。

「ここまでお話ししたなかで、疑問点はありませんか？」

「私の説明でわかりにくかったところはなかったでしょうか？」

そんな質問をすることで、相手はそこまでの話の流れを反芻《はんすう》するようになる。つまり、耳から入った話の内容について、頭で整理するわけだ。さらに質問を無視することはできないから、必ず、なんらかのリアクションが返ってくる。対話が成立するのである。

リアクションでもっとも望ましいのは、こちらの言いたいことを相手に言わせることだ。たとえば、提案した企画の内容を説明する場合も、最終的な目的は相手に「いい企画ですね」「ぜひ、進めたい企画です」と感じさせることである。そのためにすぐれている点や実現の可能性の高さなどを、いろいろと述べるわけだが、相手から「なるほど」とか「確かに」といったリアクションが返ってくるだけでは、インパクトとしては弱い。そこで、以下の対話を見てほしい。

「企画を考えるにあたっては、ユーザーが持っている不満を徹底的に洗い直しました」
「そうか。いままではユーザーの利便性ということを重視していたから、それは新しい発想かもしれないな」

ここでは、こちらから「新しい発想です」というのではなく、リアクションとして相手にそれを言わせている。そのことによって、相手の中に「新発想なのだ」ということが強いインパクトで刻まれるのである。

「新製品はアイコンをたくさん使って、扱いやすさをアピールしたいと思っています」
「そうすると、ユーザーの年齢層が広がりそうですね」

これも同じ。こちらが言いたい「ユーザーの年齢層が広がりそうです」という部分を相手に言わせているのだ。相手からこのようなリアクションを引き出すことができたら、説明は完璧《かんぺき》といっていい。

説明は途中を抜かすと理解されない

説明が相手に理解されない原因として、おたがいの基本的な知識や情報の違いがある。やっかいなのは、ときどき説明する側がそれを忘れてしまうことである。

「現状から抜け出すには、大鉈《おおなた》をふるう必要があると思います。みなさんご記憶のことと思いますが、数年前も同じような状況があり、組織の大改革で乗り切ったという過去の歴史に学んで……」

ずっと仕事を一緒にしてきて、知識や情報を共有していれば、「現状」がどんなものであるかも、「数年前の状況」も、「組織の大改革の中身」も理解できる。しかし、ほかの会社から中途入社したばかりという人がいたら、この説明では、何のことやらさっぱりわからないということにならないだろうか。

説明は必要な知識や情報を伝えることから段階を踏んでやらなければいけない。このケースでいえば、中途入社した人には、数年前の状況やそれを乗り切った改革の中身に関する資料などを、渡しておくことが必要だし、現状についてもおおまかに伝えておくべきである。そうした段階を踏んではじめて、その場の全員が基本的な知識や情報を共有しているという環境ができあがる。

もちろん、相手によってどの段階を踏む必要があるかは変わってくる。だから、それを見きわめることが大切だ。「わかりきっている」ことまで説明していたのでは時間がもったいないし、焦点もぼやけてしまう。

説明では「要領よく」「簡潔に」が大原則だが、それにとらわれすぎると失敗することもある。「じっくり」「段階的に」という説明方法が有効な場面があるのも頭に入れておかなければいけない。

誰だってだらだら長い説明は嫌い

説明を受ける側がもっともイライラするのはどんなときだろうか。「だらだらと長い」のがそれだ。「それでは、かいつまんでご説明します」とはじまったのはいいのだが、予告とは大違いで、説明がいつ終わるとも知れない展開になって辟易《へきえき》したという経験は、だれにでも一度や二度はあるはず。

だらだら長いと感じさせたら最後、聞く側の集中力は切れ、説明の内容は十分に伝わらない。そうならないためには時間感覚を持つことが必要だ。与えられた時間の中で、伝えたい内容を過不足なく話すには、どう時間を配分すればいいか。それが時間感覚だが、説明のうまい人は例外なく、この時間感覚にすぐれている。

では、時間感覚を持つためにはどうしたらいいのだろうか。これは実践で身につけるしかない。つまり、まずは一分間の時間を与えられたとき、どの程度の話ができるかを体感していくしかないのだ。自己紹介でも趣味についてでも、テーマは何でもいいから、実際に時計を前において一分間で話をまとめてみよう。

最初は時間が余ってしまったり、話の途中でタイムアップになるかもしれない。そのたびに修正しながら、なんとか一分間で話がまとまるように繰り返し練習していくと、一分間という時間の感覚が身についてくる。また、そのなかで、

「どうも同じことを別の表現で念押しするケースが多いな。それで時間が足りなくなってしまうようだ」

「言いたいことを整理しないで話しはじめているから、とりとめのないことになってしまうんだな」

など、自分の話し方の悪い傾向が浮き彫りになってくる。時間感覚を身につけると、それを直すことにもつながるわけである。一分間が感覚でわかるようになると、三分間、五分間で話せる量も判断できるようになってくる。多少の誤差はあっても、「長々といつまで話しているんだ」ということにはならない。

説明を受ける側は、あらかじめ「三分間で説明させていただきます」「説明の時間を五分頂戴《ちょうだい》します」などと所要時間を告げられたほうが、集中力を持続できる。さらに宣言どおりにピタリと切り上げれば、その説明力に舌を巻くようにもなる。それがビジネスの大きな武器になることはいうまでもないだろう。

脱線した話を戻す決めフレーズ

打ち合わせや説明のあいだには、話があちらこちらに飛ぶこともある。だれかの発言がきっかけになって、話の流れはとんでもない方向に向かったりする。よくあるシチュエーションかもしれない。

しかし、時間はできるだけ浪費せずに使うのがビジネスの鉄則だ。しっかり説明するはずが、大半が雑談に終わってしまい、当初の目的が達成できなかったということでは困るのである。

「そうはいっても、相手が得意先だったりした場合、途中で話をさえぎるなんてできない。気分を害してしまっては元も子もないし……」

たしかに一理ある。相手が興に乗って話しているときに、

「すみません。説明をつづけさせていただいてもよろしいですか？」

とはっきり言うのは、気が引けてしまう。相手を乗せて気分よくさせるのも、説明を納得してもらうための条件のひとつだからだ。

そんなときに覚えておきたいのが、脱線した流れを引き戻すような決めフレーズなのである。

「なるほど、そうですか……。では、本題に戻させていただいてよろしいでしょうか?」

相手の話に同調し、ひと呼吸置いて、「では」というフレーズを使う。同調する部分は、「それは面白いですね」「興味深いお話ですね」といった言い方でもいい。

同調すれば相手は満足するし、こちらの言葉を受けとめているあいだ、話が途切れることにもなる。そのひと呼吸をみはからって、話題を本題へ転じるのである。これなら、話をさえぎられた感じはしないから、気分を害することもない。抵抗感なく、説明のつづきを受け入れるようになるのである。

この決めフレーズは、雑談による時間のロスを最小限に食い止められる秘策といえるわけだ。

とにかく相手が知りたがっていることから

上司に仕事の進み方を説明するといった場面は、ビジネスシーンではよくあるだろう。それだけに、その上手下手は評価にも直結してくる。

「例の企画はどうなっている？」

「先週から資料を集めはじめたのですが、なかなか思うように集まらなくて……資料が集まった段階で企画内容を詰めようかと考えているところで……」

気が短い上司なら、話の途中で「結局、いつ形になるんだ！」と声を荒らげるかもしれない。

上司が何よりも知りたいのは、企画が、きちんとした形になる時期のはずである。その点を把握していないことには、さらに上に報告することもできない。こまごまとした作業の経過の説明など求めているわけではないのだ。そこを見抜かないと上司を苛立《いらだ》たせるようになる。

「今月末には最終的な企画書として提出したいと思っています。その進行予定で現在、資料集めなどにあたっています」

これなら、上司も「わかった。今月末だな。部長にもそう報告しておくよ」となるのである。資料集めに手間取っていて何かアドバイスがほしければ、「その資料についてですが、なかなか思うように集まらなくて、お知恵を拝借できればありがたいのですが……」などのようにあとにつけ加えればいい。

相手が知りたがっていることをまず伝える。これは説明での重要なポイントになる。交渉事の経過説明でも、「こちらの要望を伝えたところ、先方では検討する時間がほしいということで……来週早々には返事がもらえると思うのですが」というのでは上司のニーズにこたえるものとはいえない。

「きょうの段階では、こちらの要望に対する返事を来週早々にもらうということになりました」というのが〝知りたがっていることから〟伝える説明法である。

最悪のシナリオを想定しない人はダメ

説明をしているあいだには、相手からのさまざまな質問が予想される。当然、どんな質問が飛び出すかを想定し、それらに回答を準備しておかなければいけない。問題は、どの範囲まで準備をしておくかである。

「商品の説明なんかの場合は、よくある質問というのはだいたい決まっているはずだから、それをカバーしておけばいいんじゃないか」

そう考える人が多いかもしれないが、〝型通り〟の質問を想定しておくだけでは準備不足の感じがする。突然、想定外の質問をされて、しどろもどろになったり、絶句してしまったりでは、説明は失敗に終わりやすい。

つねに最悪のシナリオを想定しておくのが、できる人のスタンスだ。たとえば、

「同じ商品を使っている知人がいますが、液晶の部分が見にくいって言ってましたよ」

といった質問が出たとする。実際のユーザーの実感だが、通常はこんなところまでは想定していないだろう。しかし、そこで、

「そうですか。そんなことはないと思うのですが」

というレベルの受け答えしかできなければ、相手に信頼してもらえない。一方、

「そのようなお客さまがいらっしゃいますか。ときには、そうした声をいただくかもしれません。ただ、技術担当者からは、液晶についてはこのクラスでは最高レベルのものを使用しているとの報告を受けております」

具体的なデータや専門家の意見を交えた、こんな説明なら、相手の印象もずっと違ったものになるはずである。それができるかできないかは、最悪のシナリオを想定しておこうという意識を、日頃から持っているかどうかにかかっているのである。

プレゼンテーションなどに臨むときも、もっとも厳しく内容チェックをしそうな人が、どこをついてくるかを想定して、展開を考えておくのがいい。

「部長はいつもデータの信頼性にこだわるから、直近のデータだけではなく、三年前からのデータを集めて分析しておくか」

という具合。これで、「市場の状況がかなり変化しているが、データが薄いということはないか」といった指摘にも、「三年分のデータを分析していますから、現状にも十分対応できると思います」と余裕を持ってこたえられるわけだ。

第3章　これこそ正しい喋り方

強調したい点は何度でも

説明にあたっては「これはなんとしても強調しておきたい」という部分があるものだ。当然、声のトーンや大きさを変えたりして、そこを伝えようとするはずだが、やはりそれだけでは心もとない。

たとえば、何かのアイディアを募るといったとき、その説明のなかで絶対に強調しておきたいのは、締め切り日時である。締め切りを確実に伝えておかないと、「いつまでに出せばいいんでしたっけ?」という問い合わせが必ずくるようになるし、締め切りをすぎてから「あれっ、もう締め切っちゃったんですか?」という声が出てくるのは当然だ。

声を大にして伝えたからといって、聞く側がその瞬間に神経を集中しているとはかぎらないし、なかには聞き流してしまう人もいると考えておいたほうがいい。

「しかし、何度も同じことを繰り返すのは、説明として上手とはいえないのではないか。聞く側にも、くどいなという印象を与えてしまうだろうし」

そう考えるかもしれない。しかし、強調したい部分が不確かにしか伝わらなければ、説明としてダメだ。「過ぎたるは及ばざるがごとし」という言葉があるが、あえて逆らっても、繰り返しに徹することが必要なケースもある。

ただし、言い方にはちょっとした配慮が必要かもしれない。

「繰り返しになって恐縮ですが」

「すでにお伝えしたことですが」

「申し訳ありません。もう一度お耳を拝借させていただきますが」

「最後にもう一度、お伝えしておきますが」

こうした言い方からはじめると、くどさは軽くなるし、聞く側の注意をこちらに向けることもできるのである。記憶をたしかなものにするには、繰り返し情報を与えるしかない。二回、三回、四回……と回を重ねればそれだけ、記憶は鮮明で深く刻まれる。この原則に倣うことに、ためらいを感じたりする必要はない。

マン・ツー・マンの説明でも繰り返したほうがいいケースがある。

「課長、先方との打ち合わせは明後日の午後三時になりました。よろしくお願いします」

といった報告などでは、下がり際に、「では、明後日午後三時にお願いします」と念を押しておくのが、できる人の心得というものだ。

相手に関係のある話でいきなり興味を引く

こちらから提供する情報が、どの相手にとっても重要とはかぎらない。相手にそれを伝えるタイミングもある。重要度も低く、タイミングもイマイチ悪いといった場合は、相手との会話をスタートする条件は、かなり悪い。

人に話を聞いてもらうためにはまず、話の内容が相手にとって関係があるとアピールする。これが必要条件だ。つまり、伝えたいことと相手の関心を同一ライン上に引き込み、「話を聞いてみよう」と思わせる興味を促すのだ。

たとえば、友人との間でこんなケースはないだろうか。

「今度の金曜日の夜、時間あいてる？」

こんな誘いがあったとしよう。よほどのことがないかぎり、たまった仕事を片づけてしまおうと考えているが、誘いの内容によっては時間をあけてもいい。あなたはそう考えている。しかし相手は、最初の段階でその内容を明かしてはいない。

「やらなければならないことがたまっているんだよ。で、何なの？」

誘いの内容は合コンかもしれない。異業種交流のパーティかもしれない。面倒な相談ごとかもしれない……。いずれにしても、誘われた時点であなたの興味を呼ぶものなら、忙しい仕事を中断してても行こうと思って、優先順位を変えるのではないだろうか。

仕事の場面でも当然、同様の心理がはたらく。相手に話を聞いてもらいたいときは、

「ちょっとお話があるのですが……」

と切り出すのが一般的だろう。しかし、相手が忙しそうにしているときなどは特に、

「忙しいんだけど、いまじゃなきゃダメか？」

と切り返されることは多いはずだ。そこで、話を聞いてみようと思うように仕向けなければならない。

「○○社とのアポイントがとれました」

「課長からご指示いただいた○○の件ですが……」

「○○の件でトラブルが発生しました」

こう切りだせば、忙しそうにしている相手も思わず耳を傾けるはずだ。話のはじめにこのひと言があれば、その後の説明もスムーズにいくことは間違いない。

早口なんて三文の損である

話し方にはそれぞれ個性やクセがある。自分では気づかなくても、周囲からは「彼の話し方はおっとりしているね」「テキパキしているな」「なんともあわただしい」「まどろっこしい」など、さまざまな評価が出されているものだ。

「おっとり」「テキパキ」なら問題はないが、「あわただしい」となると、ちょっと困る。個性やクセを知り抜き、会話を聞きなれた友人の間でならともかく、ビジネスの場では、あわただしい話し方は損をする。自分ではきちんと説明しているつもりでも、

「すみません。いまのところわかりにくかったのでもう一度、お願いできますか？」

「ちょっと言葉が聞きとれなくて、なんておっしゃったんですか？」

ということになりがちだからだ。やがて、「あの人の説明はわかりにくい。説明が下手だ」という、説明力の問題として評価されてしまう。一度、自分がどのくらいの速さで話しているかをチェックして、早口すぎるなら、意識的にゆっくり話すように心がけるといい。それだけで評価はガラリと変わるのである。

「決定」と「予定」をはっきり分けなければダメ

説明には相手の〝意欲〟を湧かせるやり方がある。逆にいえば、説明しだいでは相手のやる気や興味を削《そ》いでしまうこともあるわけだ。「決定」と「未決定」、「予定」が明確でない場合がそれだ。

「決定」はすでに決まったことである。その決定が今後覆されるのは、よほどのことがないかぎり、ほとんどない。「未決定」は、さまざまな可能性がまだあると示している。大枠は決まってはいるものの、細部に調整の余地は残されている。しかし、決定が根本的に覆される可能性もないではない。不安定な状況だ。では、「予定」はどういった位置にあるかといえば、方向は見えてはいるものの、まだ大枠も、当然のことだが細部も、大いに検討の余地があるといった状況である。

話を進めるときは、この区分けをきっちりと伝えておく必要がある。最終的に「決定」事項になったのか、決定が最終的でないものなのかは、関係者の意欲に大いに関係してくるからだ。たとえば、こんなケースはないだろうか。

「売上がここにきて急下降しているのには、いくつかの理由があるかと思います。現場に近い私なりに分析し、対策を考えてみましたので……」

「いや、その件はすでに上層部から決定が下りている。今までの商品は打ち切りで、新製品の開発にシフトすることに決まったんだよ」

こうした行き違いが生じるのは時間的なズレも関係するだろうが、「決定」を知らずに善後策を練っていた相手（部下）のモチベーションは、急速にダウンするのは間違いない。

「なんだ。それならそうと、早く言ってほしいよな」

これが本音である。次の策を考えるにも、しばらくは脱力状態である。こうした結果が仕事によい影響をおよぼさないことは明白である。

「決定」は、いってみれば〝過去のテーマ〟ではあるが、次の段階へ進む折り返し地点でもある。「予定」はこれから先に起こることへの出発点だ。どちらも先へ進むことには変わりはないが、はっきり区分けした説明がなされているかいないかでは、モチベーションに大きく影響するのは確実だ。

自分の意志で考え、行動し、それを積み重ねていく。仕事力はこうして養われていく。「決定」と「予定」をきちんと分けて伝えることは、そうした意味で重要だろう。

数値化でイメージを湧かせる

テレビニュースなどではよく、こんな表現を耳にしないだろうか。

「ここは大富豪○○氏の私有地です。その広さはなんと○○ヘクタール、四国四県をあわせたほど広大なものです」

「世界最大の大瀑布《だいばくふ》であるこの滝の落差は○○メートル、ちょうど東京タワーの展望台の高さから流れ落ちていることになります」

「不法投棄されたゴミの山は約○○トン。東京ドーム五個分に相当します」

こうした表現は、広さを四国四県に、高さを東京タワーで、東京ドームをゴミバケツに見立て、イメージしにくい膨大な数字を身近なものにたとえて示した例だが、こうして説明されるとがぜん、理解度が高まりはしないだろうか。イメージの上では「とにかく、すごい！」ということは伝わる。

同様に、数値をさらに具体的な数値に置き換えるのも、イメージ喚起につながる。マラソンランナーのシューズはグラム単位で軽量化が進んでいるといわれるが、それをたとえて「鳥の羽一枚」の軽さを追求するともいわれている。新しく開発された製品が従来の製品より軽いことを強調し、それを購買ニーズにつなげたいといったビジネスシーンでも、こうした「鳥の羽一枚」のたとえが生きてくるはずである。

「この製品は軽量化をターゲットに開発を進めてきました。その結果、旧来品より一〇〇グラムの軽量化が実現しました。一〇〇グラムというと、ミニサイズのペットボトルよりもさらに軽い、石けん一個分程度の重さです。携帯することが多いこの製品では、石けん一個分の重さの軽減はかぎりなく使いやすさを追求した結果と自負しております」

この例は、一〇〇グラムという具体的な数字を、さらに身近なものの数値に置き換えて説明している。一〇〇グラムの単位はわかりやすい単位ではある。しかし、意識して一〇〇グラムの重さを感じていなければ、こうしたたとえ話も、想像の上にすら登場してこないだろう。説明する側がイメージできなければ、説明を受ける側にそれを伝えるのは、かぎりなく難しい。

つまり、説明をわかりやすく数値化するには、自分自身がどれほどの意識を持っているかということが重要だ。説明マニュアルから一歩進めて相手に伝えようとする気持ちがなければ、こうした表現は生まれないものだ。

ことわざの使い方の上手な人・下手な人

たったひと言ですべてを表す言葉がある。それが「ことわざ」や「故事成語」である。結婚式の仲人や主賓挨拶《あいさつ》にはこうした言葉がよく登場するが、晴れの門出の席にピタリとはまると、思わず「うまい！」と拍手したくなる。ことわざや故事成語を織り込んだ上手なスピーチは、会場にいる人すべてを納得させてしまうものなのだ。

ビジネスの場面でも、ことわざや故事成語の力は有効である。

「このプロジェクトの成功には、不可能と思えた店舗、通販、ネットでの三位一体展開にグループウェアを導入したことによって、購買意欲につながったことはもとよりですが、それよりも、販売意識の向上が見られたことが大きなポイントだったと思います。この成功を導き発案した○○さんの功績は絶大です。その○○さんが成功を目前にしたいま、転属されるのは、何とも残念でなりません」

というよりも、

「このプロジェクトの成功を目前にして、苦労してこられた○○さんが転属されてしまうのは、画竜点睛《がりょうてんせい》を欠くというもの。何とも残念でなりません」

プロジェクトの締めは是非とも、尽力した当人にやってもらうべきだということをいいたい。それには多くの言葉を駆使するより、ことわざで説明するほうが、相手へのインパクトは強く、すんなり相手に受け入れられるといったケースは、案外多いのではないだろうか。

ただし、過ぎたるは及ばざるがごとし、である。ことわざを連発していると、知識をひけらかしているととられやすい。ことわざを使うだけで言葉を省略するのでなく、きちんと説明をしたほうがいい場面もある。

そしてもう一点、大切なことがある。それは正しく使うということだ。ここぞと思うところでことわざを織り込んで説明したとしても、その解釈が間違っていては逆効果になる。

「ここでA君に手を差し伸べては彼のためにならないと思います。情けは人のためならずという言葉もありますから、しばらく静観してはいかがでしょう」

「情けは〜」という言葉の意味は、「情けをかけるのは自分のため」という意味だから、この場合に「彼のためにならないから」と使うのはあきらかに間違いである。最近ではむしろ、こうしたケースが多く見受けられるから、ことわざを使う場合は要注意だ。

おっと、裏づけデータはきちんとしていますか

相手から断定的に「一般的にはこうなんですよ！」とか、「私はこう考えています。だから……」といった言い方をされると、心の中では「ほほう、なるほど」とは思っていても、抵抗したい気持ちが芽生えるものだ。

「〜に決まっているじゃないですか」「これは常識です」といった言い方も、こんなことも知らないんですかといったニュアンスがあり、相手にかなり傲慢《ごうまん》な印象を与えてしまいかねない。

相手にこうした印象を与えると、納得させるのはかなりハードルが高くなってしまう。

「これが常識だというなら、その根拠はどこにあるのか」

「一般的というのは、どの範囲を一般的といっているのか」

「こう考えているあなたは、何でそう考えるようになったのか」

そう突っ込まれるのがオチだ。

こうした局面にならないためには、そういい切るだけの「裏づけ」を示さなければならない。このポイントが説得力を後押しするカギになるといえる。

「今月発表された世論調査によると〜」

「新聞記事によると〜」

「わが社の昨年度の実績によると〜」

うわさ話や誰かがそういっていたなどという不確定な裏づけではない、出所のはっきりしたデータや客観性の高い「裏づけ」を話の中に織り込んで説明すると、相手の理解も深まるし、納得も得やすいものだ。

相手を納得させるのは五感を意識した説明だ

商品をセールスするときにもっとも手っ取り早い方法は何か。それは実物を見せることにつきる。実物を見せながらの説明が、いちばん説得力がある。

「このマフラー、どうぞ手に取ってごらんください。なめらかな手触りでしょう。これがカシミア一〇〇パーセントの感触なんですよ」

「実際に他社の空気清浄器と聞き比べていただけるとわかると思います。いかがですか、音が小さいでしょう。眠っている赤ちゃんにも、これならやさしい音です」

ポイントは、じつは「五感」によるところが大きい。実物を自分の五感で確認するという行為が、説明された内容を具体的にしているからだ。デパートの地下食品売り場などへいくと、ブースごとに試食品がおかれているが、これも五感に訴えた商品販売の方法である。食べてみれば美味《おい》しいことがわかるというわけだ。

では、実物を見せなければセールスは成立しないのか。それは工夫しだいということになる。そこに実物がなくても、五感に訴えかける説明さえできれば、説得力は増し、インパクトも大きい。

あなたが、家を買いたいと考えている人に説明をしているとどうなるか。

「この物件は駅から徒歩一五分のところにあります。閑静な住宅街にありますから、環境は素晴らしいですよ」

この説明に、五感に訴えかける工夫を加えてみよう。

「この物件は駅から徒歩一五分のところにあります。坂道のない道ですから、駅まで歩いても苦にはならないと思います。それにこのあたりにお住まいの方は庭いじりがお好きと見えて、歩いているだけで四季折々の花が楽しめるんですよ。早春の梅からはじまって、桜が咲き、ミモザやあじさいを植えているお宅もあります。夏はサルスベリの花、冬は寒椿が咲くんです。緑が多いせいか、小鳥のさえずりもあちらこちらから聞こえてきます。本当に静かな住宅街ですよ」

説明は短いフレーズで簡潔に、ポイントを際立たせて話そう。そうすれば相手に理解されやすいし、意図も伝わりやすい。それがセオリーだが、ときに「視覚」「味覚」「嗅覚《きゅうかく》」「触覚」「聴覚」の「五感」に訴える表現を使うと大きな効果をあげるのだ。

「専門用語」にはご用心！

情報を正確に相手に伝えるのは当然のことだ。ところが、それがちぐはぐな流れになることがある。言葉の誤解がある場合がそれだ。

日本語で会話をしているし、多少カタカナ語が入り交じっても、対処できる範囲なら問題はないだろう。しかし、「専門用語」になると、門外漢としてはお手上げだ。こんなケースがある。

「定年退職で少し暇になったので、株でも始めようとパソコン教室に通うことにしたんだ。これまで触ったこともなかったから、知識はゼロ。パソコンを立ち上げるとか、落とすという言葉も、最初は何のことか、さっぱりわからなかったよ」

おそらくこの人は、中高年向けのパソコン教室に通ったのだろう。対象が中高年ということで、教えるほうもなるべく、わかりやすい説明を心がけてはいたはずだが、「立ち上げる」「落とす」という表現がスイッチのＯＮ、ＯＦＦだと〝翻訳〟するのを怠ってしまった。そのために理解されなかったのである。

パソコンを使い慣れている人にとっては「そんなこともわからない……?」という思いもあるだろうが、初心者にとっては「それさえわからないよ!」というわけである。

このケースのように、わかりやすい説明を心がけるときは「相手を見る」ことも大切になる。

専門用語が通じる相手に説明するなら問題はなくても、共通知識を持たない人を相手に説明する場合は、まず「この言葉を使って説明して、相手はわかるだろうか」という気配りを忘れてはならない。

立て板に水のように専門用語を並べて説明されると、専門外の人はあまりいい印象は持たない……これは当然だ。ビジネスでは、大いにマイナスになってしまう。専門用語はわかりやすい言葉に置き換えてみる。そんなクセをつけておくと、説明力は間違いなくアップする。

感覚的な表現はわかりにくさの元

「まあね」とか「そうかもな」など、私たちはふだん、かなり曖昧《あいまい》な言葉づかいをしている。たとえば、友人との約束の時間に遅れそうなときは「できるだけ早く行くよ」とか、「なるべく早く行くよ」といった言い方をしているのではないだろうか。「もう少しかかりそうだけど、待っててよ」などと話したりもするはずだ。

だが、この「できるだけ」「なるべく」「もう少し」という表現はじつに曖昧である。この言葉から「一分で来る」と思う人もいるし、「三〇分はかかるだろう」とか「早くても、到着は二時間後だな」と受け取り方は違う。

友人との間でなら、「できるだけ」「なるべく」「もう少し」といった感覚的な表現も許されるだろう。しかし、ビジネスの場面では「何だかはっきりしないな」と受け取られる。これでは、トラブルに発展することだってないとはいえない。

「できるだけ早く仕上げてくれるようにいったじゃないか。まだできていないのか！」

部下に命じた仕事が仕上がっていない。怒る上司の気持ちもよくわかるが、「できるだけ」がいつまでなのかを両方で確認しなかった場合、こうした結果に結びついてしまうケースはじつに多い。

「できるだけ早く仕上げてほしいんだ。明日の一〇時までにできる？」

「極力努力はしますが、一二時まで時間をいただけませんか？」

具体的な時間を示せば、会話はすっきりする。これならトラブルにつながらない。

ただし、感覚表現がまったく無意味といっているのではない。この例のように、「できるだけ」「極力」という感覚表現は、別の効果を生み出すこともある。「できるだけ……明日の一〇時まで」の「できるだけ」は、「無理は言えないが、何とか頼むよ」といったニュアンスが感じられる。「極力……一二時まで」という言葉には、「精いっぱいやってみます」という前向きで積極的な気持ちが込められている。

もちろん、「できるだけ」「極力」という言葉がうまく作用するためには、具体的な時間や範囲を区切ったほうがいい。「感覚表現」プラス「具体的な限定」。これが有効な説明の仕方の方程式である。相手が「感覚語」で押してくるようなタイプの人なら、こちらから、そのたびに確認しながら進めていくことが大切だ。

事前準備が説明の精度を高める

相手と面談したときにスムーズに本題に入れるようにしておくのが「事前の準備」だ。資料が抜けていないか、自社サイドできっちりコンセンサスはとれているか……といった準備はもちろんだが、もっとも基本的な準備が、じつは説明の精度を高めることを知っておきたい。

それは相手のアポイントをとる段階に始まっている。あらかじめ話の中身を伝えておくというのがそれだ。

「なんだそんなことか。アポイントをとるときには必ず面談の内容を伝えている。それは当然のことじゃないか」

幾度も面談を重ね、目的を共有している間柄ならすぐに話は通じるだろう。しかし、説明の精度を上げるためには、それだけでは不十分だ。つまり、「何のために面談するのか」ではなく、「何を中心に話すか」ということを、事前に相手に伝えておくということだ。

とくに、事案の方向が転換されるといったケースでは、事前に伝えておくことのメリットは、大いにある。

「きょうお伺いしましたのは、かねてすすめてきた事案に、わが社サイドから多少の変更を加えざるを得なくなりまして……」

「○○の件」というだけで面談に挑んだら、この突然の申し出に相手はきっと面食らうはずだ。「○○の件に変更がでました。詳しくは……」と前置きして、電話で伝えてもいい。もっと正確にしたいなら「メールにて内容をお届けいたします」という段取りを踏んでもいい。事前に話す内容を相手に伝えることによって、相手に準備する時間を与えるのがメリットだ。

初対面の相手と会う場合ならなおのこと、事前に面談の内容を伝えることは、本題に入るまでの時間を短縮するのに大いに有効だ。面談を申し込むに至った経緯までを伝えておくことによって、面談の中心に至るまでのルートを最短にできる。

こうした作業を事前にすることは、相手にとってのメリットばかりではない。こちらのイメージを整理し、いろいろな角度から分析し、それを言葉に転換する余裕が持てる。「何を話すか」を共有する事前準備は、両方にとってのメリットがあるのである。

「ここまで」と「ここから」をはっきりさせる

「進捗状況《しんちょく》」を相手に伝える場面は、ビジネスでは毎日くり返されている。ここでも説明の上手い、下手の差はあらわれる。

説明する側は、前回伝えた内容は当然のように相手が理解していると考えている。しかし、いろいろと仕事を抱えていると、前回の進捗状況の説明を、相手が忘れてしまっているかもしれない。

「おっと、その前に前回までの進み方を説明してくれないか」

前回までの進捗状況がどこまでか、説明を受けたのに忘れたなら、もう一度説明を求め、

自分の不明確な記憶を取り繕いたいものだ。

前回と今回の説明が、どう違ってきているのかが明確でない場合も、相手は「わかりにくい説明だな」と感じるはずである。

「で、どの点が前にすすんで、どの点が停滞しているんだ？」

説明の上手い人は、このポイントをしっかり押さえている。「ここまで」と「ここから」を分けて説明するというのが、そのポイントだ。

「前回はここまでお話ししましたが、ここからがその後の進捗状況です」

「先方との打ち合わせで前回はここまで話が進んでおりましたが、ちょっとした点で問題が生まれてしまいました。今回聞いていただきたいのはここからです」

すでに決定したこと、伝えた話は「ここまで」と区切る。そして、新しい情報や進捗した内容を「ここから」という言葉ではっきりさせるのだ。進捗状況の報告は何度もくり返される。だからこそ「旧」と「新」の区分けはとても重要になってくるのである。

質問は「はい」「いいえ」で答えられるものに

相手との合意を積み重ねながらビジネスは展開していく。ところが、話がなかなか前へ進まず、横道にそれてしまうといった場合がある。お互いに貴重な時間を割いて話し合いをしているわけだから、結論はできるだけスムーズに出したい。お互いにそう思っているはず、なのにだ。

こうした場面でのいちばんの問題点は、主導権をとっていないこと。

「○○についてご説明させていただきました。いかがでしょうか？」

説明をし、それに対する相手のリアクションを、あなたはこんなふうに求めてはいないだろうか。「いかがでしょうか」は確かに、リアクションを求めるときによく使われるフレーズではある。しかし、返ってくる答えは、きっとこんなふうに違いない。

「う〜ん、いまひとつピンとこないな」

「まあ、そんなところかもしれませんが」

「いまひとつ」ではどこがどうなのか、「そんなところ」では提案に賛成なのか反対なのか、どちらもあいまいではっきりしない。思いつくままに相手が言い始めるきっかけを作ることにさえなる。これでは、結論が出るまでに相当の時間がかかることはあきらかだ。

では、こんな言い方ならどうだろうか。

「○○についてご説明させていただきました。ここまでの内容で、疑問、ご質問はありませんか。なければ先に進めさせていただきます」

主導権を握るのは、説明している〝あなた〟でなければならない。そのためにはあいまいで、思いつくままの相手の発言を封じることが重要になる。キーワードは「いかがでしょうか」ではなく、具体的に「ご質問は？」と問うことだ。できるかぎり、「はい」「いいえ」で答えが返ってくるような言い方で合意を求めよう。

「はい」⇓質問がある。では、その質問とは具体的にどういうことか。

「いいえ」⇓質問はない。合意したものと考えることができる。

相手からの答えを「はい」「いいえ」の二種類に絞ることで、次への展開は楽になる。説明の過不足もあきらかになり、課題が浮かび上がるきっかけにもなる。その過程がシンプルになるわけである。

到達目標をはっきりさせて説明する

「目標までのイメージを描けるかどうかで、成功は決まる」と説明の達人はいう。最終ゴールをイメージし、その地点に向かってレールを敷く。こちらが設定したいくつかのポイントをクリアしながら最終目標に到達するノウハウは、ビジネスの世界ではよく語られるものだ。

説明のうまい人は、このノウハウを心得ている。打ち合わせの前に、事前にその日に到達すべきことを具体的にイメージしているのだ。

つまり、「今後のことを考えると、今回の打ち合わせではここまでの合意を先方と取りつけておく必要がある。そのためには説明の展開はこんな流れで進めなくてはならない」と、その日の到達目標をはっきりさせてから、打ち合わせの席に臨んでいるのである。たとえば、打ち合わせの開始のときに、

「本日は、○○の件についてご説明させていただきます」

そして最後に、次回の打ち合わせ内容を示しておくのである。

「次回は、〇〇の件についてまとめてまいりますので、御社からも関連資料のご提示をお願いしたいと思います」

もちろん、打ち合わせは相手のあることだ。いつもイメージ通りに説明が進むとはかぎらない。話し合いが堂々めぐりし、いたずらに時間ばかりが過ぎていくといった状況では、その日の到達目標をあきらめることもあるだろう。

しかし、最終ゴールが見えていれば、多少の寄り道があっても対応はしやすい。たとえば、こんなふうだ。

「では次回は、本日まとまらなかった議題についての打ち合わせをさせていただきたいと思います。しばらく時間をおいて、改めて考えてみます」

到達目標をはっきりさせて、相手と目標を共有しておく。これが仕事をスムーズに進めることは間違いない。

説明の重要性をアピールする

相手に「ここはしっかり聞いておいてもらいたい」といった内容を説明する場合、あなたは特別な工夫をしているだろうか。それをしていないなら、このポイントはぜひ頭にインプットしておきたい。

説明する側に事前準備があるように、聞く側にも、相手の説明を聞くための「態勢」というものがある。どんな話が飛び出してきてもいいように、心の準備をする必要があるわけだ。しかし、説明する側は事前に準備して臨めるが、聞く側はその準備を整えることはできない。そこで大切になるのが、説明する

側のアプローチだ。

では、相手に聞く準備を整えてもらうために、説明する側ができる準備というのは何か。それにはいくつかのテクニックがある。ひとつは「言葉」である。具体的な言葉にして、聞く準備を促すのである。

「これからお話しする内容は、私がもっとも力を入れてお伝えしたいことです」

このひと言があると、相手は「おっ、いったいなんだ?」と思わず身構える。これでひとつ、相手の聞く態勢が整う。しかし、インパクトをもっと強くするための手はまだある。それが「間」と「トーン」である。

説明をしている流れの中で、これから重要なことを説明するという場面で、ひと呼吸をおくのが「間」だ。そして、間をおいたあと、声のトーンを変えるのである。ハイトーンで説明していたのなら、トーンを落として話し出す。あるいは、淡々と説明していたのであれば、トーンを上げるといった具合である。

この「具体的な言葉」「間」「トーン」を駆使したアプローチの仕方はとりもなおさず、説明の重要性をアピールするやり方でもあると、覚えておきたい。

おかしな敬語では信頼を失う

最近、敬語の使い方に違和感を覚える人が多いのではないだろうか。マニュアルに書かれているためか、ファミリーレストランやコンビニなどの接客言葉には、耳障りないいまわしが増えている。

接客態度がいい感じであれば、「まあ、いいか」と聞き流せるが、ビジネスの相手としては、少し心もとない印象がある。

「○○部長様がおっしゃっているのは……」

役職は敬称を含んだ言葉なので、そこにさらに「様」をつけるのはあきらかにおかしい。

「○○部長」で十分だ。

「本日はわざわざお越しいただきまして、ご苦労さまでございました」

この表現もおかしい。目上の人に「ご苦労さま」は使わないのである。目下でもビジネスの場面では「お疲れさま」が正しい敬語表現となる。

こういったおかしな敬語はいっぱいある。信頼関係で成立するビジネスでは、「こんな基本的な敬語もきちんと使えない人なんだ。大丈夫か?」といった印象を相手に与え、大きなマイナスイメージを作り上げてしまうのである。

ただ、敬語ほど難しいものはないのも事実だ。

「得意先で〝お世話さまでございます〟っていったら、あとから上司にひどく怒られてね。お世話様というのは目上から立場が下の人に対して使う敬語だって」

「来客を上司の席まで案内したとき、〝お連れしました〟っていったら、先方が目を丸くしてね。あとで同僚に聞いたら、その場合は〝ご案内いたしました〟っていうべきだって」

思い当たるフシがあるという人は、さっそく敬語をマスターすべきだろう。周囲の人の敬語に耳を傾ける、不適切な敬語を使ったときは指摘してくれるように先輩に頼むなどするといい。本を読んで勉強するのも方法だ。

言い間違えたらすぐに訂正するのが達人

話している相手の言葉の切れ目を狙って、これでもかと質問をくり出したり、自らの意見を挟み込んで、いつの間にか話の主導権をとってしまったりする人がいる。こういうタイプの人は、最初のうちこそ「頭の回転が速いな～」ともてはやされるが、そのうち「けっこう思いつきでしゃべってるんじゃないの？」と見られるようになる。

それはなぜか。その人の言葉に「重み」がないのを相手が感じ始めるからだ。ところが、当の本人は、それに気づいていないことがよくある。自分のしゃべりに、満足を覚え、これでよしと、勝手に思い込んでしまっている。いまの言葉でいえば、空気が読めないのである。

もしあなたに、少しでも思い当たるフシがあるなら、注意が必要だ。思いついたままに言葉を連発していると、とんでもない言葉が口をついて出てしまい、誤解を招くことがあるからだ。

「～というご意見が出ましたが、そんなことはじつはどうでもよくて、問題点は……」

「そんなこと」「どうでもいい」とは何ごとか、と相手の反発を買うことは間違いない。しゃべりを進めることに意識が向いているうちは、周囲の反応で「何だか変だぞ」というところまでは感じるものの、自分の失言に気づかないことは決して少なくない。

こんなケースもあるだろうか。

「大役を与えられて光栄です。私では役不足かもしれませんが」

「役不足」とは、能力に対して役目が軽すぎるという意味で使う言葉だ。つまり、このケースでは「能力のある私には小さすぎる役割」といっていることになる。

「つねづね他山の石とさせていただいている○○さんのご提案ですから……」

「他山の石」とは、中国の「詩経」にある言葉で、「ほかの山のつまらない石でも、自分の玉を磨くために役に立つこともある」といった意味だ。つまり、「見習ったり、学んだりするほどの人ではないけれど、何かの役に立つかもしれない」といっていることになるのである。

この手の失態は、あとあとまでしこりを残すのが人間の心理だ。「使い方を間違えただけで他意はないんだろう」と受け取ってくれる人は、そうはいない。ビジネスの上ではあきらかにマイナス評価になってしまう。間違いに気づいたら、即座に訂正するにかぎる。

「事実」と「意見」を混同すると穴に落ちる

「事実」と「意見」は、はっきり区別することが大切になる。なぜなら、会社の代表として面談の場に出ている場合は、あなたの意見はすなわち、会社の意見として相手に伝わるからだ。会社としての方針なのか、私見なのか。それを明確にしないと、後になって問題が起こるようになる。

「私としましては、とても有意義な議論ができたと思っております。本日の結果はさっそく、社に持ち帰って、積極的に検討させていただきます」

自分としてはいい展開だと思っている。「おお、それはすっごくいい」と、同意したい気持ち満々だ。

しかし、このときに断定的私見を話すのは危険だ。社に持ち帰ったときに反対意見が大勢を占めたとしたら、あなたが相手に対して断定した私見は、「社内では通じないということか」「押しきるだけの力が、あなたにはないということだね」といった評価につながってしまうからである。

その場では、あくまで「意見」は封印する。事実だけを相手との確認事項にしておくにとどめるようにしよう。

その結果、自分の会社の方針が先方と合わないものであっても、「あなたはきっと、積極的にこちらの提案を推してくれたに違いない」と思わせる誠意だけは、確実に伝わっているはずだ。

「私の力不足でよいお返事をすることができずに、申し訳ありません」

このひと言も忘れてはならない。

「こうした結論が出ましたからには、次の一手を考えなければいけません。当社といたしましては……」

事実を謙虚に受けとめ、すばやく次のステップに切り替えて進めていけば、ビジネス相手の目には、おそらく、「頼もしい相手だ」と映るに違いない。

会場の一人に向けて説明すればあがらない

「説明が苦手なんです」という人にその理由を聞くと、かなりのパーセンテージで「人前で話すとあがってしまうから」という答えが返ってくる。たしかに、大勢の人の前に立つと心臓はドキドキ、脈はドクドク、口は渇き、手のひらに汗が浮いてくるといった症状にみまわれる人は少なくない。

なぜ、そうなってしまうのだろうか。心のなかをのぞいてみると、答えが見つかる。「うまい説明をしなければ」「失敗したらどうしよう」「あがっているのが見抜かれやしないか」。そんな思いが渦巻いているからである。

しかし、逆に考えれば、「説明をする」という自分の役割をきちんとはたそうとする使命感、意欲のあらわれなのだ。「どうでもいいや」という投げやりな姿勢なら、あがるということはない。

まず、使命感を覚えている自分、意欲を持っている自分を「よし」と認めることだ。このようにマイナス思考からプラス思考への転換が大切。つまり、「あがってしまう（ダメな）自分」ではなく、「使命感を持った（やる気のある）自分」と考えるだけで、かなり気持ちは変わってくるはずである。

実際に説明するときは、会場のだれか一人に向けて話すようにするのがいいといわれる。大勢の人が自分のひと言ひと言に耳を傾けていると思うと、身がすくみそうだが、相手が一人なら気分はグンとラクになる。

親しい友人と話しているときには決してあがることはないのだから、そんな友人に話しかけるイメージを持つのもいい。

意外に気づかないが、服装も、あがり対策に一役買う。プレスがかかったスーツにのりがきいたシャツを着て、気に入ったネクタイをビシッと締めると、どこか自信が湧く。そんな自分を鏡に映し、「よし、キマッている！」と口に出すと、落ち着いてその場に臨めるはずだ。

人の間違いを指摘するときの知恵

ビジネスの世界では、それぞれが会社の立場を背負って向き合っている。上司と部下、発注元と受注元、クライアントと業者……。当然、説明は相手の立場を考えたものになってくる。相手の説明が間違っていたり、発言に誤りがあったときに、こちらが上の立場なら、比較的それを指摘しやすい。

しかし、困ってしまうのは、自分が下の立場にいるときだ。上司の説明が間違っていたとしても、

「課長、いまのご説明は違っていると思うのですが……」

と真っ向から間違いを指摘したのでは、どうしてもカドが立つ。上司には面目があるから、それをつぶされたとなると立つ瀬がない。バツの悪さをつくろうために、怒りをぶつけてくるかもしれない。

考えてみたら、理不尽な怒りには違いないが、相手の立場を考えなかったこちらにも非がないとはいえないのである。だから、言い方の工夫が必要だ。

「課長、いまのご説明なのですが、ひとつ確認させていただいてもよろしいでしょうか。私の勘違いかもしれませんが、○○の部分を私はこのように理解しているのですが」

いちばんのポイントは、「自分の勘違いかもしれない」という部分にある。これがあるとないとでは、上司の受けとめ方は天と地ほども違う。この言い方なら、上司は面目をつぶされたと感じることもないし、間違いをさりげなく訂正することもできる。

「そうか、そうだったな。勘違いはわたしのほうだった。じゃあ、先に進めるぞ」

という具合である。また、「このように理解しているのですが……」という言い方も覚えておくといい。「このように理解しています」と言い切ってしまうと、相手の理解を否定するようになる。「〜ですが（いかがでしょうか？）」と相手に判断をまかせるのがツボだ。

仕事上の不備をおさめる切り札

こちらが積極的に押していく説明の展開もあれば、相手から不備を指摘されて説明をするといった局面もある。

こちらに落ち度があるとどうしても一歩引きがちになるものだが、きちんと説明をすれば、相手の怒りを静め、納得してもらうことはできる。

その切り札となるのが、謝罪の仕方だ。もちろん、おざなりな謝罪が相手によい印象を与えるわけもない。ポイントはひとつ。誠心誠意謝る姿勢を見せることだ。

「ご立腹はごもっともです。大変申し訳ありません！」

消え入りそうな声ではインパクトは弱い。大きな声で、深く腰を折る。土下座をせんばかりに深々と腰を折れば、相手も怒りを収めるしかない。これで相手は、こちらからの説明を聞こうとする態勢になるというものだ。

不利な展開を修正するには、ここまでが前段階だ。相手に対してどんな説明が足りなかったのか、それを把握し、相手に伝える言葉の体裁を整えて説明するというのが、謝罪のあとの対応である。

そのときに、注意しなければならないのは、いきなり言い訳から始めてはいけないという点だ。せっかく相手が説明を聞く態勢になっているのに、言い訳から始めてしまっては、土下座も台なしだ。

相手が知りたいのは、不備を指摘せざるを得ない状況が起こった原因ではない。この場面をどう打開していくか、知りたいのはその一点なのである。

たとえば、納期に間に合わず、取引先から指摘を受けたといったケースがある。

「さっそく各支店に連絡をして善後策をとらせていただきますので、二時間ほど、お時間をいただけないでしょうか」

迅速に動く姿勢と、きっちり時間を区切ること。説明には最低これだけは盛り込みたいものである。

弁解するときは事情説明に置き換えれば納得させられる

失敗を経験したことがないという人は、まずいないだろう。「やっておくように」といわれたことを忘れてしまったり、アポイントの時間を間違えてしまったり……。ひとつやふたつ、だれにでも失態はある。

そんなときについ、口をついて出そうになるのが「言い訳」だ。しかし、言い訳をくどくど述べると、相手にいい印象は与えない。「責任逃れをするつもりか」というのが一般的な言い訳のイメージだからだ。

たとえば、上司との間でこんな経験をしたことはないだろうか。

「顧客データをまとめて、動向をグラフにしておいてくれないか」

こんな依頼があったとする。ところが、ちょうど仕事が立て込んでしまい、頼まれた用件を後回しにしていた。すると、突然その上司から「頼んでおいたグラフはできあがっているか？」といわれた。しかも、明日までに必要だという。

「明日までに必要だとは聞いていなかったものですから……」

このケースでは、いつまでに仕上げるのかを確認しなかったあなたの対応はまずかった。でも、期日をきちんと伝えていない上司にも問題はある。しかし、こういってしまうのは頭のいい方法とはいえない。自分の確認ミスを棚に上げて、責任を上司に押しつけている感じがするからだ。上司としては、多少は自分の非を感じていたとしても、この弁解にはカチンとくる。

「申し訳ありません。いつまでに必要なのかをうかがうのを忘れてしまいました。早速とりかかり、明日までには間に合わせます」

非はいったん自分が引き受け、素直に詫《わ》びる。その上で、結果に至った経緯を説明すれば、上司も自分の非を認めやすくなるものだ。

「そうそう、私も期日を伝え忘れていたね。明日までに大変だろうが、頼むよ」

といった形に収まるものなのである。

説明の過不足は、どんな場面でも起こるものだが、それを「言い訳」や「弁解」にしてしまうか、「事情説明」に換えられるかは、コミュニケーション能力とも大いにかかわってくる。相手に通じる説明をするためには、相手の立場や状況に気を配る姿勢が必要だということを肝に銘じておきたい。

担当以外の仕事こそ説明力が大切

疑問点があって仕事相手に連絡を入れた。あいにく先方の担当者は不在だった……。よくあるケースだが、問題はそのときの対応である。

「申し訳ありません。担当者がおりませんので、あらためていただけますか？」

こんなニベもない対応で電話を切られたら、だれだってむかっ腹が立つ。逆の立場に立って考えればいい。こちらが同じような対応をすれば、相手を怒らせてしまうということだ。必要があって連絡をくれた相手に対しては、きちんとこたえる対応をすべきである。

「申し訳ありません。担当者が不在ですが、私○○がご用件をうかがいます。担当者が戻りしだい、それを伝えまして、ご連絡をさせていただきます」

このくらいの状況説明ができてはじめて、できる人の対応といえる。その場で相手から用件を聞いて、それを担当者に伝えれば、担当者は回答を用意して先方に連絡ができる。担当者が戻ってから連絡してあらためて用件を聞くのとでは、仕事の処理の迅速さが違ってくるのである。先の例のように、相手に連絡を取り直すことを求めるなどは論外だ。

直接、面談しているケースも同じだ。たとえば、相手に技術的な不備を指摘されて、

「私は営業が仕事ですから、技術的なことは担当外でして」

というのでは困るのである。相手にしてみれば、だれが担当だろうが関係ない。指摘している点を、具体的にいつ、どう解決してくれるかが問題なのだ。「担当外で」などといっているようでは、「あなたじゃ話にならない」と相手にされなくなるのがオチだ。

理解できる範囲であれば、詳しく話を聞き、それを持ち帰って担当者に伝え、即刻、相手に解決策を説明しよう。

「担当者と話をしましたところ、部品をひとつ交換すればいいとのことです。明日、朝一番で技術の者がお伺いするということでよろしいでしょうか？」

直接担当者が話を聞いたほうがいいということなら、担当者に連絡を入れ、相手と話をしてもらうということでもいい。要は、その場でできるかぎりの対応をすることである。

ただし、担当外のことは担当者の意見を優先させるのがセオリー。素人考えで、

「これは多分、部品が摩耗しているんでしょう。その交換で大丈夫だと思いますが」

などと対応してしまうと、あとでトラブルが起きかねない。自分の守備範囲を逸脱してはいけないのだ。

第4章　さらに効果をあげるために

相手のからだの動きもサインのひとつ

説明する場合、準備してきた話の流れをそのまま展開するだけでは、相手を納得させることにはつながらない。相手がこちらの話をどう受けとめ、どう感じているか。興味を持っているのか、それとも関心が薄いのか。つねにそうした相手の反応をたしかめながら話をすすめることが必要になってくる。

相手の反応を読み取るヒントは、からだの動きにもある。それを見逃さないことだ。なかには、相手の顔も見ずに説明を進める人がいるが、それでは説得力のある説明はできない。そこで、相手の心を映し出すような、からだの動きについて考えてみよう。

こちらが視線を合わせようとすると、そらしてしまう、腕組みをしたり、指先がたえず動いたりする、耳や鼻など顔にしきりにふれる、椅子やソファにもたれかかる……。これらの動きは明らかに話に興味や関心が持てていないことを示す。腕時計にやたらに目をやるというのもそうである。「早く引き上げてくれないかな」と思っているに違いない。

そうしたサインを見てとったら、話を変える必要がある。そのままの調子で話していても、興味や関心を呼び起こせないからだ。話を変えるといっても、まったく別の話題を持ち出しても意味はない。だから、関連するエピソードや裏話などにふれるようにする。

「じつはこれを開発した人間がちょっと変わっていましてね。アイディアが浮かぶのはいつも風呂《ふろ》に入っているときだというんですよ。会社のデスクにすわっているときは、まったくひらめかないんだそうです」

こんな人間くさいドラマやエピソードには、興味を惹《ひ》かれる人が多い。そんなものをいくつか用意しておくと、状況を打破する有効な武器になるのである。

一方、こちらの話に身を乗り出してきたり、視線を合わせてくる回数が増えたり、笑顔をよく見せるようになったりしたら、関心が高まっている証拠だ。「なるほど、なるほど」「ほお、そうですか」「へえ、そんなことが」などの言葉も、プラス材料である。

このときには、たたみかけるのがいい。

「この部分を詳しく説明させていただきますね」

「そこに注目してくださるなんて、さすがです。私どもがいちばんわかっていただきたいのもその点でして」

といった具合に話を深めていけばいい。

相手が嘘をついたら、こちらの武器になる

ビジネスはおたがいに誠意が基本であることはいうまでもない。しかし、場面によってはやむにやまれず、嘘をついてしまうケースもあるのが現実かもしれない。交渉を有利にすすめるためのデータの改ざんや相手を陥れようとしてつく嘘は、もちろん、許されるはずもないが、その場の空気から思わずついてしまったちょっとした嘘は、大目に見られてもいいのではないか。

もっといえば、相手がついた嘘を大目に見ることは、こちらの武器になる場合もあるのだ。担当者レベルで協議をしているときには、こんな場面もあるだろう。

「ところで、この件は○○課長のご了解をいただいていますよね」

「えっ、……もちろん、○○は了解しています」

了解の有無を尋ねたのはこちら、答えたのは相手だ。しかし、実際にはその時点で、相手は、○○課長の了解は取りつけていなかったとする。「まだ、了解はもらっていないけれど、了解してくれることは間違いないのだから、ここは了解を得ていると答えたほうが

面倒がないな」と考えたのだろう。ちょっとした嘘ではある。

しかし、それがのちに発覚したら、相手は心穏やかではいられなくなる。嘘をついたことを悔やむのは当然だが、それ以上に「嘘をついた自分がどう見られるか」ということが気になってしかたがなくなる。

それまで対等な立場にいた担当者同士に、気持ちの上で優劣がつくといってもいい。そこで、こちらが優位に立ったことをはっきり知らせるという手も一方にはある。

「うちの課長から聞きましたよ。あのとき、○○課長の了解はいただけていなかったそうじゃないですか。それなら、そういってくだされればよかったのに」

これで相手は気後れし、こちらの優位は動かなくなるかもしれない。しかし、その後の関係がギクシャクするのも間違いない。では、武士の情けをもって接したらどうか。

「もう、ご存じでしょう。じつはあのとき、課長の了解はまだ……」

「すんだことはいいじゃないですか。了解の後先なんて結局どうでもいいことだったわけだし、私だって同じようなことをちょくちょくやってますよ」

これなら相手は救われた気持ちになる。なにかにつけて、受けた恩義にこたえてくれようとするはずだ。こちらにとって頼もしい武器になるのではないか。

劣勢になってもこうして挽回すればいい

会議の場などで自分が展開した説明に、異論・反論が噴出するということもあるだろう。だれでも〝大いなる賛同〟を期待しているわけだが、ときには思惑がすっかりはずれることもある。そして、劣勢に立つかもしれない。

そんなときこそ、できる人間の底力が試されるのである。

異論・反論にさらされたら、「ここは間髪入れず、相手を論破しないとまずい」という心理が働く。しかし、これは逆効果だ。十分に練ることとなく、とにかく劣勢を挽回《ばんかい》しようとして口にする意見は、的確にポイントをついたものにはならない。へたをすれば、かえって相手につけ入る隙を与えてしまう。

「いまの意見は先ほどの説明とは明らかに矛盾しています。これでは説明そのものの信憑《しんぴょう》性を疑わざるを得ないのではないですか？」

ものごと、ムキになるとロクなことにはならない。しかも、相手には勢いがある。その勢いに押されて、すごすごと自説を引っ込めるしかないという事態も、十分に予想されるのである。

　劣勢になったからといって、挽回をあせってはいけない。まずは考えをまとめる時間をかせぐことである。

「もう少し具体的に、その意見を聞かせていただけますか？」

「ご指摘の点について、何か例をあげていただけるとわかりやすいのですが」

　そんな言葉で、相手にもっと詳しい説明を求めるなど、とにかく時間をおくのがいい。時間がたつうちに、その場の空気も落ち着いてくる可能性が高いのだ。そこで、ふたたび説明に戻るのである。

「ご指摘いただいたところは、たしかに修正の必要があると思います。ただ、方向性としては、これまで申し上げたもので間違いはないかと……」

　異論や反論をある程度受け入れたこんな説明をすれば、劣勢を巻き返せるはずだ。

言葉は相手によって選ぶ

日本語には幾通りもの表現がある。「少ない」ということを「些少《さしょう》」といったり「少々」といったりする。「本屋」という人もいれば、「書店」という言い方をする人もいる。会話の中にやたらとカタカナ言葉を織り交ぜる人もいて、使う言葉は人それぞれだ。

説明する側は通常は、どんな言葉を使って説明するか意識することはない。問題にしているのはその内容だ。もちろん、それでいい。しかし、伝える内容ばかりにこだわると、ときには相手への配慮を欠く。「少ない」を「些少」と使ったり、「企画書」という言葉を「レジュメ」というと、相手によっては「わかりにくい」と感じることがあるのだ。

説明をわかりやすくするためには、相手が日ごろ使っている言葉の「タイプ」に合わせる工夫をするといい。それにはまず、相手がどんな言葉を使っているか観察することだ。

そのポイントは四つ。会話の中に「漢字」言葉が多いかどうか、「ひらがな」言葉を使う傾向が強いかどうか、「カタカナ」言葉が中心かどうか、そして、感覚的な「擬態・擬声」語を多く使う傾向があるかないか、である。

それぞれのタイプが見えてくれれば、それにあわせた言葉を選ぶようにすればいい。

「弊社の製品は、前年度比の三割増の操作性を実現しております」

これは、漢字言葉を多用する人にはわかりやすいだろうが、ひらがな言葉タイプには、

「この製品は、昨年開発された製品に、使いやすさを追求して改良を加えてあります」

といった説明の仕方の方がわかりやすい。

「インタラクティブな視点がないとクライアントのニーズには応《こた》えられないばかりか、最大目標としてきたコラボレートも不可能です」

カタカナ言葉を使う人にはこの言い方でも通じるが、漢字、ひらがな言葉の相手には、

「顧客の要望に応えるためには、こちらからの一方的な押しだけではお互いのよさを融合することはできません」

といった言い方のほうが通じるだろう。では、感覚的な言葉を使う相手にはどうか。具体性がなくなりがちなので、正確な数字で説明して確認をとっておく必要がある。

「従来の製品よりぐんとコンパクトになって、薄さも一センチはスリムになっています」

わかりやすい説明を心がけるときは、相手が使う言葉のタイプを考えることも説明力アップにつながることは間違いない。

相手のタイプを見抜きなさい

人間は物事を判断するとき、その人なりの方法で理解しようとする。たとえば、説明書をじっくり読んでから機器を使い始める人もいれば、説明書の最初だけを読み、あとは機器を使いながら覚えていくタイプの人もいる。前者は理論派、後者は実践派だ。

どちらにも同じようなやり方で説明したとしよう。するとどうなるか。理論派の人には「もっと詳しく説明してよ」といわれる可能性があるし、実践派の人には「回りくどい説明はいいから、実物で見せてよ」などといわれてしまうかもしれない。

「自分としては、過不足なく説明しているつもりなんだが……」

相手によって違う反応に戸惑った経験があるというなら、それを解決するポイントはひとつ。相手の「タイプ」を見抜くことだ。

几帳面《きちょうめん》な人は、たいてい慎重派だ。資料を読み込んだり、相手の話をじっくり聞くのがこのタイプだ。自分が納得しなければ前に進めない傾向があるから、説明するときは言葉をはしょらず、じっくり向かいあうのがいい。

合理的なタイプの人には、ポイントを押さえた説明が生きる。言葉でくどくど説明するより、客観的なデータや数字で説明したほうが理解されやすい。分析力があり、突っ込みを入れてくるタイプだから、入念な下準備は欠かせない。

好奇心旺盛《おうせい》なタイプの人は、理屈より直観力を重視する傾向がある。「お、いいね」と、ビジュアルやキャッチフレーズなどに反応しやすい。ただ、自分の興味の範囲にはくいつきやすいが、範囲外のものには、まず最初の説明で関心を持たせる工夫が必要になるだろう。

理論的だが、やや大ざっぱなタイプの人もいる。論理的な説明を好むものの、回りくどい言い方には拒否反応を示す傾向があるから、こんなタイプが相手のときは、説明はシンプルなほうがいい。ただし、基本的には論理的なタイプだから、ものごとの背景や理由を大切にする。説明するときはその点に注意するといいだろう。

相手が使う言葉の傾向を読み取って、それにあわせて話せば、説明はわかりやすくなると前項で話したが、このように「性格の違い」によって話の展開を変えるのも、相手を説明に引き込む方法だ。そのためにはまず、自分のタイプを知るべきだろう。

内容によって「声」を使い分ける

わかりやすい説明には「声」も大きく関係している。一般的には、声の小さな人は自信がなさそうに見え、声を大きく出す人はその反対のイメージを与える。ビジネスの相手なら、あなたはどちらに信頼をおくだろうか。

「やっぱり、声の大きな人だな。聞き取れないような小さな声でモゾモゾ話されると、それだけでイライラしてくるし、説得力にも欠ける感じがする」

だが一方で、こんな意見もある。

「声の大きな人は、何だか大雑把な印象が拭《ぬぐ》えない。周囲の状況に関係なく大きな声でしゃべられると、重要な用件であればあるほどヒヤヒヤものだ。その点、声の小さな人は、慎重で几帳面な印象を受ける場合もあるが」

「声」が人に与える印象はさまざまだ。どちらにも一長一短はあるが、問題になるのは、説明する内容を自信をもって伝えているというイメージを、相手に与えているかどうかだ。説明するときは、内容が相手にしっかり伝わるようにカツゼツよく、ハキハキと。相手から「え?」と聞き返されないボリュームの声で説明するように。

そのとき、説明の内容にあわせて、声の「トーン」に強弱を加えると効果がある。私たちは無意識に、楽しい話は高いトーンで、深刻な話のときは低いトーンで話している。これを説明の内容に応じてとり入れるのである。

話し始めは明るく高めのトーンで相手を話に引き込むようにして、説明の本題に入るときは声の調子を落として真剣さをアピールする。相手の質問に対しては力強く、少しトーンを上げ、最後は高めのトーンで、ゆったり締めくくる。

もちろん、内容によって声のリズムを作っていくのは、自分自身だ。状況をサッと読み取ることが大切になってくる。相手の反応が鈍いと感じたら、そこでトーンを上げたり、相手が力説している場面では、低い調子で神妙に話を受ける。相手の話に納得がいったら、思いきりトーンを上げて盛り上げるなど、工夫はいくらでもできるだろう。

声の大きさ、声の高低を巧みに使い分けるには、その場に臨んだ自分自身のモチベーションにもかかわってくる。「気持ちは声にあらわれる」ということも、忘れてはならない。

効果的なボディランゲージのコツ

日本人には、会話の中にボディランゲージを入れる習慣がない。身振り手振りで相手にアピールしようとすることが頭にない。だからこそ、ボディランゲージは効果的といえる。もちろん、外国人がやるような「オー・マイ・ガッ」的なボディランゲージを、日本人がやっても、ビジネスの場面では効果的とは思えない。あくまで、表現したいことの補助的なアピールの方法として、ボディランゲージを生かすのである。

たとえば、順を追って説明するとしよう。「ポイントのひとつ目は…、ふたつ目は……」といった構成で説明するとき、「ひとつ目は」という口頭での説明にプラスして人差し指をあげる。「ふたつ目は」といって、人差し指と中指をあげる。「三つ目は」とさらに薬指をプラスするといった具合だ。

「お手元に配付いたしました資料は二点あります。こちらが○○、もう一点は○○です」

そういいながら、資料を高く上げて見せる。これもボディランゲージのひとつだ。

「これから私たちは、ともにひとつの目標に向かって協力態勢をとっていくようになります。異業種ということもあり、最初は戸惑うかと思いますが、ぜひ、ご一緒に力を合わせて前に進んでいきましょう」

こういった場合などは、両手を大きく広げるボディランゲージが効果的である。

そのほか、「あちらをごらんください」といって手で指し示す動作、形の大小を示すための両手での動作や、画面を使って説明するときに指し示す動作などがあるが、ボディランゲージを織りまぜるときは、はっきり相手に見せるのがコツだ。

もじもじしてはいけない。相手に見せるのが目的だから、見えないような低い位置でのボディランゲージも効果は薄い。説明している口元に近い位置、つまり、顔の横まで高く上げるようにする。このとき顔が隠れないよう、手の位置はあくまで顔の横におくこと。上げた手はすぐに下ろしてしまわないことも大切だ。相手が説明している自分のほうを見たのを確認するくらいの間はキープしておくようにしよう。

ボディランゲージを効果的にするためにはもう一点、注意したいことがある。ムダな手の動きを加えないこと。説明している間に髪をかき上げたり、頭をかいたりすると、ボディランゲージとの区別がつきにくい。このポイントもしっかり覚えておこう。

目の動きをしっかりチェックする

「目は口ほどにものをいう」とはよくいわれることだ。目の動きは説明する内容より、ときには重要なポイントになる。力強いか、おどおどしているか。この違いは、相手からの信頼を得ることができるか、できないかを分けるポイントになる。

視線をあわせなかったり、目が落ち着きなく動いていると、相手は「やましいことでもあるのかな。何だか、信頼できそうにないヤツだな」といった印象を抱く。逆に、きちんと目を合わせて話す人には相手も信頼をおく。「この相手となら、一緒に仕事ができそうだ」と思わせれば、スムーズな関係になるはずだ。

説明するときはこの「目力」をきっちり使っていきたい。ポイントは三つある。

ひとつは、視線はつねに相手の顔の上に置いておく。といっても、たえず相手の目を見なさいといっているのではない。見つめあうと息苦しさを与えて、かえってマイナスだ。目線を下に落としたり、上に上げすぎたりしない位置、下は相手のネクタイあたり、上は眉毛のあたりまで。左右は耳の延長線上をはずさないところまでが相手の顔の範囲とすれば、見つめあわず、しかも相手の顔を見て話ができる。

ポイントのふたつめは、目線をはずすタイミングだ。資料に目を向けるとき、メモをとるときなどがタイミングとしてはベストになる。相手から目線が返ってきて、そのとたんに目線をはずすというのは、自信のなさをあらわしていると受け取られる。目線をはずすときは、ゆったりが原則だ。

ポイントの三つめは、説明の要所要所で、力強い視線を相手に送ること。

「問題は、いまこの時点でどんな選択をするのがいいかということです」

大切な点を説明するときは、はずした目線から、相手の目に焦点を当ててキリリと視線を送る。説明には言葉でのメリハリも必要だが、目線でのメリハリはそれをさらにサポートするものになる。日ごろ、相手と向かいあうと目の遣《や》り場に困るという人は、このポイントを押さえて「目力」訓練をしたいものだ。

意識せずに、漫然と相手の顔を見て説明をしていると、いざというときの「目力」は役に立たない。説明に気を取られているとつい、資料に目を落としたまま話したり、目線を宙に泳がせてしまったり、自社側の人間に助けを求めて目線を送りがちだ。説明しているのはあなた、その内容を伝えたいのは、仕事相手だ。そのことをつねに意識しておきたい。

相手のプライドをくすぐる説明の極意

だれにも「人に認められたい」という思いがある。ほめられたいとも思うし、そうされるとうれしい。仕事に取り組む姿勢にも、その思いは結びつく。しかし反対に、認めてもらえないという思いは不満になる。自分を認めない相手には、敵意を抱くことさえある。

そうした思いの前提には「自己評価」がある。自分はこれだけ頑張っている。高いレベルの評価が与えられて当然だと思う。なのに、なぜ認めてくれないのだというわけだ。だいたい、自己評価は人から受ける評価より高いことが多い。それが人間のプライドというものだ。

こうした相手を「なるほど、そうかもしれない」と納得させるには、理論で押す説明が有効だ。ただし、たたみかけるような一方的な言い方は反発を買う。まず自己評価を引き出してほめ、ワンクッションおいて理性にはたらきかけるようにするといい。たとえば、上司から部下に対する評価を告げるときなら、こんなふうだ。

「キミの努力を評価していないわけではない。人一倍、得意先をまわっているのも知っている。だが、その努力が実を結んでいないことを、キミはどう思っているのか」

ひとまず、部下から本心を引き出す。結果は芳しいものではなくても、努力は認めてほしい。そんな本音が見えたら、それに対応すればいい。

「仕事には必ず、成果が求められるものだ。努力だけで結果が得られなければ、それは成果なしと判断されても仕方がない。いまキミが目指さなければならないのは、距離を稼ぐことではない、足元を深く掘り下げることだ。そう思わないか？」

相手から下された評価の理由がわかれば、納得がいく。取引先を前にした説明でも、同じ展開は通る。

「ご提案はごもっともだと思います。そこに焦点を当てるなど、こちらでは思いがけなかったことです。感服いたしました」

まず相手の提案に評価を与え、納得していることを感じさせるようにする。自分の意見を述べるのはそのあとだ。「そのご提案を実行に移すには、ひとつ、クリアしなければならない問題が生まれないでしょうか……」といった具合だ。

プライドは打ち砕くものではなく「くすぐるもの」だ。相手を納得させる説明には、どんな場面でも、くすぐりが有効なやり方である。

立て板に水より、「間」のある話し方がいい

準備を整えて、いざプレゼンテーションに臨む。説明する内容はちゃんと組み立ててある。あとは現場でそれを披露するだけ。こうしたときに陥りがちなのが、立て板に水のごとく、とうとうと説明をくり広げてしまうことだ。

説明するときは必ず、相手がいる。相手はあなたの説明に真剣に耳を傾けてくれているだろうか。あくびをかみ殺してはいないか？　手元にあるペンを所在なげに動かしてはいないか？　隣の人と笑いながら話していないか……？　そんな様子が見られるようなら、あなたのプレゼンテーションはまだ、発展途上にある。何が問題なのか、しっかりチェックしておくべきだろう。

プレゼンテーションはどうしても、話が長くなる。一定のリズムで話が展開されていると、ついそのリズムに引き込まれて眠気が襲ってきたりもするものだ。そうした状況を作らないために工夫できることを考えよう。

説明のテンポに変化をつけるというのがひとつの工夫である。説明に集中してもらうた

めの変化、それが「間」である。説明の途中で一瞬の沈黙をはさむようにするのだ。

「ここまでが、わが社の従来品についての説明です。（間）そして、ここからが改良を加えた新製品のご説明になります」

話が切り替わるときや、ここからが重要だということをアピールする内容の前に「間」をおく。すると聞き手は「お、なんだ」と思ったり、「ようやく、本題に入るな」とわかるはずだ。一瞬の「間」が生きる瞬間である。

説明の内容をいくつかのポイントで説明する場合も、「間」をはさみ込むタイミングだ。箇条書きスタイルの説明なら、相手もメモをとりやすい。「ポイントのひとつ目は……」という前に間をおき、「ポイントのふたつ目は……」とつづけるときにも間をおこう。相手は、次の言葉を予測しようとするだろう。

間をはさむタイミングはまだある。相手に質問を投げかけたあとが、その瞬間になる。

「ここまでの説明で、ご質問はありますでしょうか？」

説明の内容が変わる、話題を変える、ポイントを列挙する……といった場面で「間」を入れる。これによって、聞き手は話の段落をはっきり認識でき、話し手は説明にテンポをつけることができるのである。

携帯電話はマナーモードでも失礼

打ち合わせをしているときに突然、自分の携帯電話が鳴り出した。こんな場合、あなたはどうしているだろうか。「どうもすみません」と携帯電話を切るか、「ちょっと失礼します」と電話に出るか。

もし、電話に出ているとしたら、あなたは確実に、打ち合わせの相手に不快な思いをさせている。

「断ればいいというもんじゃない。仕事の打ち合わせをしているときくらい、マナーモードにしておくというのが、マナーじゃないか」

マナーに敏感な人の中には、電源をOFFにするべきと主張する人もいるだろう。マナーモードのバイブレーションの音は聞こえないようで、しんとした状態の中ではけっこう響くものだ。だから、電源も切っておくべき、というわけである。

もちろん、「マナーモードくらい、いいじゃないか」と主張する人もいるだろう。

「電源を切っている間に急ぎの連絡が入ったら、どうするんだ」

というわけだ。しかし、わざわざ相手に時間を割いてもらって打ち合わせをしている場合は、やはり、失礼な感じがする。

「そちらが会いたいというから時間を作っているのに、急ぎの用だって！」

口には出さなくても、そう感じる人がいないとはかぎらない。

打ち合わせの時間はせいぜい一―二時間程度にしておくこと。そのくらいの時間はやはり、電源を切っておくことを徹底したい。こちらが説明をしているときも、相手の説明に耳を傾けているときも、携帯の音は気持ちを削《そ》ぐことにつながるし、少なくとも、相手を不快な思いにさせてしまう。電源はＯＦＦと考えよう。

つい出がちなのが「まぁ」

ビジネスを展開していくうえでもっとも大切なことは何か。それは相手と信頼関係が築けるかどうかである。信用できない相手と思われては、ビジネスは進まない。セールスでも同じことがいえる。「なんだか、うそっぽいな」と相手に印象づけてしまっては、売れるものも売れない。

信頼関係を築くもっとも基本的なカギになるのは、何といっても、相手に向かっての言葉のひとつひとつだ。説明内容はマニュアルからはずれてはいない。事前準備も整えて、伝える内容にももれはない。完ぺきを期したつもりだったとしても、たったひと言が台なしにしてしまうことがある。あいまい、無責任、いいかげん……という印象を与える「まぁ」という言葉がそれだ。

「まぁ」という言い方は、頻繁に口にされると耳障りなものだ。相手に不快ささえ感じさせる言葉なのだが、そればかりではない。信頼関係を築くには不安を感じさせる言葉でもある。

たとえばあなたが、重要な意思決定を相手に求めたとしよう。場面をスムーズに展開させたくて「どうでしょう？」と水を向けたとする。それに対する答えが「まぁ」だったら、とたんに、信頼しようという気持ちが薄れはしないだろうか。

「まぁ、だいたいそんなところでしょうか」

「まぁ、まぁそれでいいと思います」

「う～ん、まぁ大丈夫だろう、それで」

「まぁ」という言葉は、聞く側にとっては、かぎりなく不安だ。この人に判断を委《ゆだ》ねていいのか、重要な決定をこの人の言葉で確認したことにしていいのか……という具合だ。

その場で判断できないことでも、

「上司に相談してみます。まぁ、大丈夫でしょう」

ではなく、

「上司に相談してみます。お返事の確約はできませんが、努力させていただきます」

こうした対応をすれば、相手の安心と、あなたへの信頼が増すことは疑いない。自分の会話にこの言葉が含まれやすいなら、それは封印したい。気づかずに使っているなら、周囲の人に指摘してもらうことだ。

ビジネス会話から締め出したい禁句

ビジネスには「ビジネス用語」というものがある。といっても、ことさら難しい言葉が登場するわけではない。もっとも基本的なところでいえば、「わたし」「ぼく」「おれ」といった言葉を「わたくし」に換えるだけである。「ぼくが強く申し上げたいのは、この点です」⇒「わたくしが強く申し上げたいのは、この点です」という具合である。たったこれだけの言い換えなのだが、後者のほうが信頼できる印象を受ける。

ビジネスで大切なのは、信頼を獲得すること。そのために必要なものは何でもとり入れ、不要なものはシャットアウトしていく。言葉の使い方にもそれは適用される。たとえば、こんな言い方をしているとしたら、信頼は得られていないと考えて間違いない。

「先日頼んでおいた企画書の件は、どうなってる?」

「あの企画書はもう一考したほうがいいって感じです。それよりも、明日の会議のことなんですが……」

さて、この会話で何が問題なのか、おわかりだろうか。そう、「〜って感じ」「……。それよりも～」である。「～って感じ」は友人と交わす言葉であり、ビジネス会話としてはふさわしくない。「いつまでも学生気分が抜けないヤツだ。大丈夫か？」と、相手を不安がらせてしまうのは間違いない。

「……。それよりも～」は、相手の話を聞いていないことがよくあらわれている。相手への応対もそこそこに、自分がいいたいことに話をすり替えてしまい、印象としては、「そんなことより、私の話のほうが大事」といったニュアンスが感じられないだろうか。2章で話した「というか」と使い方はまったく同じで、相手が不快を感じるのは間違いない。

「あの企画書はもう一考したほうがいいと思いますので、もう少しお時間をいただけないでしょうか。それともう一点、ご相談したいことがあります。明日の会議のことなのですが～」

日常的な生活の中ではあまり使われない言葉でも、ビジネスでは常識とされる言葉の使い方がある。「こっち」を「こちら」というように、ふだん使っている言葉をビジネス用語に翻訳するクセをつけておきたいものだ。当然のことだが、相手から向けられた話題にはきっちりと対応し、段落をつけて次に会話をすすめる。これもクセにしてしまえば、ビジネス会話から締め出したい禁句は、自然に身につくはずである。

大人の品格が疑われる言葉遣い

会話をしていて、「どうもあの言い方は耳障りだな」と感じたことはないだろうか。そうなると、その言い方が気になって、話の内容がなおざりになったりする。最近、とくに若い人たちに「〜みたいな」や「私的には〜」「なにげに」といった言い方が蔓延《まんえん》しているようだが、ビジネス会話のなかで使うのはどうだろうか。

「どうですか？　今回の企画、なにげにいいと思いませんか？」

ひと通り企画を説明されたあと、そんなふうに感想を求められたら、相手はどんな気持ちがするか、考えてみるといい。ビジネスパースンとしてキャリアを積んだ相手なら、「なにげに？　学生やちゃらちゃらした若手タレントじゃあるまいし、ビジネスの場で使う言葉じゃないだろう。感想を聞く以前の問題だ」

と、ビジネスの姿勢を疑うはずだ。「なにげに」は「なにげなく」の変形で、現在では広く使われているが、日本語として認知されているわけではないし、まして真剣勝負であるべきビジネスの場で使う言葉ではない。

意味がわかればいい、ニュアンスが伝わればいいじゃないか、という言い訳はビジネスでは通用しない。ビジネスパーソンとしての資質、大人の品格に「？」をつけられても、申し開きはできないのである。

「〜みたいな」というのも耳障りだし、表現として不適切だろう。

「この件については、責任を持って対応していただくみたいな形でいかがでしょう」

無意識に口にしているとわからないが、こうして文字で表現してみると、「みたいな」という言葉が入るのはおかしいと、よくわかるのではないだろうか。「対応していただく形でいかがでしょう」というのがビジネス会話だし、大人の表現なのはいうまでもない。

「私的には」も、いただけないものだ。

「今後の交渉ですが、私的には月に二回のペースですすめていきたいと思っています」

オフィシャルなビジネスの場で、「私的」な意見や考えなど、どうでもいいのである。相手が聞きたいのは、「社として」の意見や考えだ。「弊社としては月に二回のペースで」というのが正しい。いくら論理的な説明を心がけていても、不用意な一語がその信頼感をゼロにしてしまうのだということを、肝に銘じておこう。

説明力アップには達人の真似をすること

説明力にいまひとつ自信が持てないという人は、自分の欠点を探すよりはまず、周囲を見回すことから始めるといい。なぜ、説明がうまくいかないのかをよく考えて、説明の上手い人のやり方を見て映し鏡にするのである。そうすると自然、自分の欠点も見つけやすくなる。

「自分はこんな展開で話をもっていくことができなかったんだな。さすが○○さんだ」

「○○さんは、じつに間のとり方が上手いんだよな〜。オレにはないところだ」

「相手からの反論をかわす○○さんの話し方、参考になるな」

「言葉の選び方は、○○さんのようにするといいんだな、わかった」

○○さんにはあって、自分には欠けているもの。それがすなわち、自分の欠点である。

そして、見えてきた欠点は、「○○さん」に真似て修正していけばいい。

もちろん、真似をしたからといって自らのものにするのは、いうほど簡単なことではない。真似は真似であり、場面、展開、相手……など、状況はそのつど変化しているからである。だからこそ、きめ細やかな観察眼が必要になるといえる。

「こんな状況のときは、少し間をあけて、力強く押していけばいいんだな」

「いま一歩というときは、表情を効果的に使えば、相手に通じるというわけだ」

「いまの場合、こんなタイプの人には、こんな言葉を使えばいいんだ」

観察をつづけていけば、発見は必ずある。どんなに小さなことでも真似ることができるヒントはある。

「この局面にはこうした対応」「口うるさいタイプの相手には、こんな対応」「理詰めで押してくる相手には対応を間違わない」……など、あらゆる局面に対応でき、説明がうまくなるヒントは、周囲にゴロゴロ転がっている。

ヒントを見つけて取り込む姿勢があるかないか。説明力がアップするかしないかは、その一点にかかっている。

ときには有名人の言葉を拝借してしまう

説明が成功しない原因は、いろいろ考えられる。話すタイミングが悪かったということもあるだろうし、話の展開に問題があったということも考えられる。また、言葉に力がなかったということもありそうだ。

いずれにしても、説得力が欠けていたわけだが、説得力を強化するとっておきの方法がある。有名人の言葉を拝借するというのがそれだ。

経営の分野でも技術の分野でも、あるいは芸術やスポーツの分野でも、傑出した人たちが大勢いるだろう。その人たちが自分の体験に根ざして語った言葉は、人の心に響くものである。

たとえば、仕事に行き詰まった部下に相談を持ちかけられたといったときには、励ましの言葉を探すだろう。そんなに成功、失敗にこだわる必要などないという思いを伝えようとするかもしれない。しかし、

「おれだってたくさん失敗してきたんだ。くよくよすることはない」

　というストレートな説明では、部下の納得にはつながらないこともある。そこで、有名人に登場を願うのである。

「世界のホンダの本田《ほんだ》宗一郎《そういちろう》さんは、こんなことをいっている。〝みんな知らないんだ。じつは私がやった仕事で成功したのはたったの一パーセントにすぎなかったことを〟とね。失敗をいちいち引きずっていたら、きりがないぞ」

　本田宗一郎は、町の小さなバイク店を世界中に知られる大企業に育て上げた。また松下幸之助《こうのすけ》は、小さな店から出発して世界的な電器メーカーを作り上げた。このような立志伝中の人物の言葉は、強烈な説得力を持つのである。

「失敗なんか気にするな」ということを伝えるのでも、そんな言葉を交えると、受けとる側に与えるインパクトには、雲泥の差が出てくるのだ。珠玉の言葉をリストアップしておくのも、説明力を高める重要なポイントになる。

場面を考えろ、場面を！

上司の立場から部下に、指示内容や改善すべき点について説明をする場面は少なくない。そのとき、こちらの思い通りに指示が実行されるか、あらためるように指導したことが守られるか、それは説明の仕方しだいといっていい。

「いつも、噛《か》んで含めるように説明することを心がけている」

もちろん、説明の中身、使う言葉や表現も重要。これは上司に不可欠な姿勢である。だが、同じように「場」が大きな役割を担っていることも知らなければいけない。同じ言葉、表現による説明でも、場によって相手の受けとめ方に大きな差が生まれる。

具体例で示そう。たとえば、相手の仕事ぶりに苦言を呈するというケースだ。仕事中の相手をデスクの前に呼びつけ、

「最近、少し気持ちがゆるんでいるんじゃないか。ケアレスミスがつづいているのがその証拠だ。もっと仕事に対して緊張感を持ってもらわないと……」

そんな話をしたらどうだろうか。相手にその自覚があり、「言われて当然だ」と感じて

いたとしても、まず反発が頭をもたげてくる。

「仕事に集中していたのに、何もみんなの前で言わなくたっていいじゃないか！」

デスクをはさんで座っている上司と、立っている部下という位置関係は、ただでさえ、空気に緊張感をもたらす。そこでの苦言が、必要以上に神経を逆なでしたとしても無理はないのである。

苦言、叱責《しっせき》の類《たぐい》は、できるだけ周囲の目がない場所で、相手の仕事が一段落したタイミングをみはからってするのが鉄則だ。衆人環視のなかでの一喝は心配りに欠けるし、仕事を中断させれば、気持ちの切り替えに時間がかかり、その後の仕事の効率が悪くなる。

「どうだ、たまには昼飯でも一緒に食べないか」

などと声をかけ、食後のコーヒーでも飲みながら、気持ちのゆるみを指摘し、緊張感を持つように言ったとすれば、

「わかりました。自分でもこのところ注意力に欠けているのを感じていたんです。これからは気持ちを引き締めていきます」

といった反応が返ってくるものなのだ。どんな場がいちばんふさわしいか。その選択も説明では大きな要素になるわけである。

面倒が予想されるときこそメリットを説明しよう

説明の中には「気が重いな」と感じるものもある。面倒くさい仕事を部下に指示するとか、本人が望まないポジションに異動を命じるなどのケースがそれだ。組織は「上意下達」で動くものだから、説明などせず、「この仕事をやってくれ」「○○課に移ってくれ」と話すだけでいいじゃないか、と考える人もいるだろうが、それでは本人は納得しない。

その結果、やる気を失ったり、会社に失望を感じ、転職を考えたりするといったことにもなる。営業マンとしてバリバリ仕事をこなしたいと思っているときに、総務の仕事に回されるとしたら、本人には大問題なのだ。

そこで説明力がものをいう。新しい仕事につくことのメリットを強調するわけだ。

「営業畑で実績をつけたいのはわかっている。しかしな、全体の調整をする総務の仕事を経験しておくことは、将来、必ず役立つ。人間関係の幅だって広がるじゃないか。自分を一回り大きくするいい機会だと考えたらどうだ」

こんな説明なら、意にそまない仕事というイメージは消え、自分の可能性を開く仕事という考え方をできるのではないだろうか。もし、過去に配置転換でスケールアップしたという人がいたら、実例としてそれを話すのもいい。

「いま営業担当の役員をしている○○さんもな、かつて二年ほど総務の仕事を経験しているんだ。以前、話をしたときに、○○さんは『総務にいったことで視野が広がった。ずっと営業畑だったら、いまのおれはないな』と言っていたよ」

なんといっても〝生き証人〟の存在にまさる説得力はない。

仕事の意味を説明するのも、納得につなげる大きなポイントになる。ただ、「これに関する資料を集めてくれ」という言い方では、

「資料集めなんて、地味で手間がかかるだけじゃないか。なんで自分がやらなきゃいけないんだ。割を食っちゃったな。ツイてないよ」

と受けとりかねない。しかし、

「しっかりした資料は、交渉の最終兵器なんだ。先方が『まいりました』というくらいの資料をそろえたい。頼むぞ」

といった説明をすれば、相手は地味な仕事にもおおいに〝やりがい〟を感じて取り組めるのである。

無理を通す言い方はここが最大ポイント

仕事には無理を通したり、理不尽を強いたりする局面がある。一昔、ふた昔前のビジネスパーソンには、無理も理不尽も受け入れる辛抱強さが求められたし、それを受け入れてもきた。しかし、現在はビジネスパーソンの気質もすっかり様変わりしている。とりわけ若い層では、「そんな無理は聞けない」「そんな理不尽にはつきあっていられない」というのが、一般的な仕事感覚になっている。

それだけに、頭ごなしの言い方をすると反発を呼ぶことにしかならない。

「報告書の提出予定が変わった。早めに仕上げなければならなくなったから、きょうはみんな残業してくれ」

突然の予定変更を告げて残業を命じる場合も、こんな言い方をすると反発されやすい。

「そんな急に残業しろと言われたって、こちらにだって予定がある。上司だからって理不尽な命令をするのはナンセンス」

口に出して言うかどうかはともかく、これが偽らざる心境だろう。しぶしぶ残業を受け入れたとしても、モチベーションはあくまで低いから、時間の割りに効率が上がらないということになる。また、ミスが起きることも大いに考えられるのである。

こうしたシチュエーションでの言い方にはポイントがある。無理を言っていることはよく承知していると伝え、しかし、そうしなければならない状況だと説明するのである。「いきなりの予定変更だから、みんなに無理してもらうことになるのはわかっている。しかし、ここで先方の要望にこたえるのは、うちの課にとって大きな意味があるんだ。必ず、ステップアップの突破口になる。だから、どうだろう、今回は頑張ってもらえないか。もう、こんなことがないように、わたしが責任を持って先方に話をしておくからな」

上司としての立場から無理を通そうとするのではなく、自分たちの立場に立って考えてくれていることがわかれば、受けとめ方は大きく変わってくる。さらに、今後の仕事にとって、いま無理をすることが必要だと伝われば、「ここは頑張ってみるか」というモチベーションにつながり、一体感も生まれるのである。

押しつけの無理、理不尽にはそっぽを向いても、ポイントを押さえた説明をきちんとすれば〝意気に感じさせる〟ことはできるのだ。

厳しい条件を相手に承諾してもらうやりとり

時代の流れとともにビジネスの環境も変わる。業績が思いにまかせなければ、取引先と取り決めた条件の見直しが必要になることがあるだろう。

好条件を申し入れる場合は気が楽だが、それまでより厳しい条件を出さなければならないときはやっかいだ。

そんなときこそ、説明力は問われる。一方的にこちらの条件を突きつけ、「これで承諾してくれ」というのでは、相手の納得はなかなか得られるものではない。たとえば、コストダウンを要求するといったとき、

「次回から、納入コストを五パーセント下げてもらいたいと思います。よろしくお願いします」

こちらが発注する立場であっても、こんな言い方では相手は気持ちよく要求を受け入れにくい。有無を言わせないという態度をありありと感じるからである。

ここで大切なのは、相手の意向を聞く姿勢を示すことだろう。

「納入コストに関してですが、少し厳しい条件を申し上げなければならないんです。こちらは五パーセントのコストダウンという線で考えているのですが、御社のご意向をお示しいただけますか」

条件をはっきり示しながら、相手がそれをどう受けとめているか、本音のところを引き出すようにする。言い分を聞いてもらえることで、相手に譲歩してもいいという気持ちが生まれるのである。

「五パーセントですか？　次回からいきなりではちょっと厳しいですね」

そんな本音が出たら、こちらも譲れるところは譲り、着地点を探ればいい。

「そうですね。では、むこう二カ月間は四・五パーセントにさせていただいて、その後、五パーセントということではいかがでしょうか」

一定の譲歩を引き出したという実感を持てれば、相手も納得しやすいのである。

フォローで説得力をグッと高める

一時の不況は脱したかに見えるが、ビジネスパースンが置かれた状況は依然厳しい。リストラや関連会社への出向、左遷や格下げといった事態は、いまもよくきかれる。長年、机を並べ、苦楽をともにしてきた人に、つらい通達をしなければならないこともあるだろう。言い出しにくいところだが、言いにくいことこそ、躊躇《ちゅうちょ》なく伝える必要がある。

「今週中にも正式な辞令が出ると思うが、来月から子会社の○○商事に出向してもらうことになった。心しておいてほしい」

へたに言いよどんだり、持って回った言い方をするのは、かえって相手のショックを増すことにしかならない。同情や慰めの言葉がそれほど意味はないのは、自分がそんな局面に立たされたことを想像すれば、わかるはずである。

もちろん、相手はすぐには納得しない。しばらくは、「なぜ、よりによって自分が」「だれかが進言してのことなのか」などと、あれこれ思うようになる。しかし、その時期がすぎると、多少は落ち着き、事態を受け入れようとする気持ちも生まれてくる。

フォローのタイミングとしてもっともいいのがこのときなのだ。事務的に出向を伝えたままでは、

「長いあいだ同じ釜《かま》の飯を食った仲なのに、結局、こんなものなのか。会社の中の関係なんて、冷たいもんだな」

という思いをずっと引きずるようになる。フォローの意味で、腰を落ち着け、腹を割って話す機会を持つのがいい。とはいっても、ここでも同情論はタブーといえる。

「会社の規模は小さくなるが、そのぶん、自分の裁量でできる仕事の範囲は確実に広がる。マネージメントの力をつけるには、絶好のチャンスだと思うんだ。やりたいことができるという実感だって、いままでよりはるかに持てるはずだ。ここは心機一転、自分を鍛え直すつもりでやってみろよ」

未来に目を向けられるようになる、こんな話がフォローとしてはいちばん。本人が自分自身を納得させる助けにもなる。

「あんまり落ち込むことはないぞ」

「また、いいこともあるさ」

などの言葉は、切り替えられそうになっている気持ちを引き戻すだけなのである。

問題点を指摘せず、ほめることから始める

「彼にはひと言いっておかないといけないな」

部下を持つ立場になると、仕事ぶりについて注意をしなければいけないという状況に立たされることも珍しくない。もちろん、きちんと仕事をしてほしいと思ってアドバイスをするのだが、相手は必ずしも額面どおりに受けとってくれないから難しい。

「細かいことをいちいちあげつらって、おれを目の敵にしてるんじゃないか」

親心が裏目に出て、ヘソを曲げられないともかぎらないのである。そんなことにならないためには、少々、テクニックを使う必要がある。相手の問題点を指摘したり、注意を促すときの法則があるのだ。

「彼の行動力は十分認めるが、最終的な詰めに杜撰《ずさん》なところが目立つ。最後まで丁寧な仕事をするように心がけたら、顧客をもっと増やせるはずなんだがなぁ」

そんな思いを言葉にして説明する場合、力点をどこに置くかだ。なんとか杜撰さをあらためてほしいわけだから、ストレートにそこに力点を置くと、こんな説明になる。

「顧客を獲得するには、結局、詰めが大事なんだ。なぜ、最後まで丁寧な仕事をしないんだ。行動力があったって、詰めが甘くちゃ意味がないんだぞ」

こちらはアドバイスのつもりだが、相手はそう受けとるだろうか。詰めの甘さをただ責められているような気持ちになって、落ち込む可能性のほうが大きそうである。一方、行動力があるというところに力点を置いたらどうなるか。

「君の行動力はだれもが認めている。その行動力を存分に活《い》かしきれていると思うか？どうもそうではない気がするんだ。ぼくは詰めの問題だと思う。ひとつひとつ決着がつくまで丁寧にフォローするように心がけたらどうかな。詰めの甘さでせっかくの行動力が活かしきれないのは、もったいないぞ」

いちばんの長所である行動力をほめ、その長所を活かすために何が必要かを説く。これなら、相手は貴重なアドバイスと受けとれる。問題点を指摘され、それを直せと言われるより、長所をほめられ、それを活かす道を探せと言われたほうが、だれだって素直に聞ける。「ほめてから（問題点、注意点を）指摘する」この法則、効果は絶大なものがあるのだ。

「やり方」を示した説明のほうが相手の耳に届く

言葉を尽くして説明しているのに、相手は耳を傾けているように見えない。なんとなく虚《むな》しく、腹立たしくもなる場面だ。

「ちゃんと聞いているのか！　君の話をしているんだぞ！」

思わず怒鳴りつけたくなっても無理はないが、怒りを爆発させれば相手はますます耳を塞《ふさ》ぐ。ここは一歩引いて、説明の仕方に問題がないかを考えてみるといい。相手が自然に耳を傾けるような説明のポイントはどこにあるのだろう。

たとえば、仕事の報告を怠りがちな部下に、報告の大切さについて説明するといった場合、次のような言い方をしがちではないか。

「仕事の進捗《しんちょく》状態はちゃんと報告しなきゃダメじゃないか。課長のぼくが流れをつかんでいないと、指示も出せやしない。こんな話をするのは一度や二度じゃないだろう。同じことを何度も言わせるな」

言いたいことはわかるが、これでは相手は「またかよ、うるさいな」という感情が先に立ってしまう。「〜してはダメだ」「〜するな」という言い方は、耳を傾けさせるには効果ありとはいえないのである。「〜すればいい」というやり方を示してやらなければ、なかなか耳に届かない。ここがポイントだ。

「ぼくは上司として仕事の流れをつかんでおく必要がある。どうだろう。一区切りついたときには、報告書という形で提出するようにしたらいいんじゃないかな。報告書といっても簡単なメモ程度でいいんだよ。文章にすることで君も整理がつきやすいだろうし、ぼくも指示が出しやすいからね」

これで相手も納得して、報告を意識するようになるだろう。

クレーム対応の説明、キーワードはこれ

説明のなかでも、もっとも気が重いのはクレームに対応するときのそれだろう。原因がどこにあるにしろ、クレームを申し入れてきた相手は怒っている。仮にこちらに非がないとしても、頭からそれを言い立てたのでは、火に油を注ぐことにしかならない。

「お客さま、それは使い方の問題のように思われます。説明書にはそんな使い方はなさらないようにと書いてあるのですが」

商品の不備な点を指摘するクレームなどで、原因が使用法にあるということは少なくない。しかし、はじめからそれを前面に立てて説明するのは得とはいえない。

「説明書を全部読んでから使う人間ばかりとはかぎらないだろう。売り場でも使い方の説明をしてもらった覚えはないし、ちょっと不親切なんじゃないか」

クレームをつけた側としても、すぐには引き下がれないから、あれこれ反論してくるのは間違いないのだ。いわゆる「売り言葉に買い言葉」である。

クレーム対応の説明では、まず相手の怒りを静めることから始めるのがいい。

「申し訳ございませんでした」「ご迷惑をおかけいたしました」。第一声で謝罪の言葉を聞けば、相手の気持ちはおさまる。荒かった語気も穏やかなものになるはずだ。そして、相手の言いたいことを、途中でさえぎらずに最後まで聞くのも大きなポイント。思いのタケを吐き出すことで、相手は満足感を得るようになる。

それから、こちらの言い分を説明するわけだが、ここでも「お客さまのほうが悪い」的な表現はしない。

「おっしゃることはごもっともでございます」

「お怒りは当然のことと存じます」

頭にこのフレーズをふってから説明に入れば、相手も話を聞こうという姿勢になる。また、説明も〝お願い調〟のものにすれば、相手を刺激することはない。

「今後はこのような使い方をしていただければ、ご迷惑をおかけするようなことはないと思います」という具合である。その後、

「貴重なご意見ありがとうございました。今後の参考にさせていただきます」

などの言葉で締める。これがキーワードだ。クレームをアドバイスとして受けとってもらい、感謝の言葉を伝えられたら、どんなクレーマーでもケチはつけられないだろう。

白けムードを回避するテクニック

その場全体にほどよい緊張感が漂っていることもあれば、空気がゆるみ、白けムードが場を支配しているということもある。そうなってしまうと、いくら熱弁をふるって説明しても、手ごたえがないといったことになりがちだ。

「ここまでの説明のなかで、どなたかご質問はありませんか？」

とだれかに意見を求めても、なかなか事態は改善しない。みんなが押し黙り、空気は重くなるばかりである。どうすべきか。

時間に迫られていないときは、「コーヒーブレークにでもしませんか？」と、いったん時間の流れを切ってしまうのがいい。休憩を入れ、コーヒーでも飲むことで、気分はリフレッシュされる。一〇分でも一五分でも、時間を空けることで、場の空気は必ず変わる。

可能なら、部屋の窓やドアを開け放って、文字どおり、空気の入れ換えをするといい。

また、これはケース・バイ・ケースだが、近くに適当な場所がある場合は、「つづきはいつもの喫茶店でやりましょう」と場所そのものを移動してしまうのもひとつの方法だ。

日本語力向上会議（にほんごりょくこうじょうかいぎ）
書籍・雑誌・新聞を活躍の場とする執筆集団。得意分野は歴史・風俗・文学など多岐にわたっているが、とりわけ言葉についての情報には敏感で、そうした関心が本書のテーマになっている。
「言葉は“生きもの”で、社会の変化とともに姿を変えるが、正しい遣い方やマナーを知っていることは、社会的に“できる”“できない”の人間の評価の分かれ目になる」というのが共通の見解だ。このグループのメンバーによる著作には、『デキる人は「喋り」が凄い』『知らないとゼッタイ恥をかく 敬語のマナー』などがある。

イラスト／ライラック

デキる人《ひと》は説明力《せつめいりょく》をこう磨《みが》く

日本語力向上会議《にほんごりょくこうじょうかいぎ》

二〇〇八年四月十日　初版発行

発行者　青木誠一郎
発行所　株式会社角川学芸出版
東京都文京区本郷五－二十四－五
〒一一三－〇〇三三
電話／編集　〇三－三八一七－八五三五

発売元　株式会社角川グループパブリッシング
東京都千代田区富士見二－十三－三
〒一〇二－八一七七
電話／営業　〇三－三二三八－八五二一
http://www.kadokawa.co.jp/

装丁者　緒方修一（ラーフイン・ワークショップ）
印刷所　暁印刷
製本所　BBC

角川oneテーマ21　B-108
 ISBN978-4-04-710139-5 C0281